사람은 말하는 법으로
90% 바뀐다

사람은 말하는 법으로 90% 바뀐다

닛타 료 지음 · **구현숙** 옮김

아아소

사람은 말하는 법으로 90% 바뀐다

초판 1쇄 발행_ 2012년 5월 10일
초판 8쇄 발행_ 2016년 2월 10일

지은이_ 닛타 료
옮긴이_ 구현숙
펴낸이_ 명혜정
펴낸곳_ 도서출판 이아소

등록번호_ 제311-2004-00014호
등록일자_ 2004년 4월 22일
주소_ 04002 서울시 마포구 월드컵북로5나길 18 1012호
전화_ (02)337-0446 팩스_ (02)337-0402

책값은 뒤표지에 있습니다.
ISBN 978-89-92131-59-9 03320

도서출판 이아소는 독자 여러분의 의견을 소중하게 생각합니다.
E-mail: iasobook@gmail.com

당신의 인생을 바꿔줄 55가지 법칙

이 책은 말하는 기술로 '인간관계와 인생을 바꾸는 방법'에 초점을 맞추어 쓴 글이다.

이 책에는 어려운 방법은 전혀 나오지 않는다. 평소의 마음가짐이나 사고방식, 즉 '마인드'에 관한 것이 대부분이다. 그리고 성공한 비즈니스맨들이 공감하여 실천하고 있는 것들이다.

1만 명의 비즈니스맨과 만난 뒤에 깨달은 사실

인사채용 담당자로서 학생들을 면접하거나, 인간관계나 경력관리 등으로 고민하는 회사원들을 상담하기도 하고, 경영자를 대상으로 컨설팅을 해주다 보니 어느덧 면담이나 면접을 통해 내가 만난 사람 수가 1만 명을 넘게 되었다. 그 과정에서 '최고'나 '카리스마'로 통하는 영업사원을 비롯해 판매와 고객 응대에 전문가인 사람들을 많이 만날 수 있었다. 그런데 그들 가운데 단순히 '대화기술이 뛰어나서' 현재의 위치에 오른 사람은 단 한 명도 없었다. 그들은 기술적인 대화가 아니라 상대와 마음을 주고받는 공감 대화법을 알고 있었다.

낯을 가리고 낯선 사람과 만나는 것을 두려워하던 내가……

말하는 법을 바꾸면 새로운 인생을 살 수 있다고 하니까 다음과 같이 생각하는 사람이 있을 것이다.

'나같이 말주변이 없는 사람이 어떻게 인간관계를 개선할 수 있겠어?'
'사람을 처음 만나면 너무 긴장이 돼서 무슨 말부터 꺼내야 할지 모르겠어.'
'성공한 사람들 흉내를 내보았자 달라지는 것은 아무것도 없어.'

여러분의 기분은 충분히 이해한다. 하지만 걱정할 필요 없으니 안심하기 바란다.

나 역시 말솜씨가 뛰어난 편이 아니며, 항상 화제로 삼을 만한 이야깃거리를 잔뜩 가지고 있는 사람도 아니다. 유창하게 말하는 사람을 보면 '좋겠다. 나도 저렇게 이야기할 수 있으면 얼마나 좋을까' 하고 부러워하는 사람이다.

　나는 오랫동안 사람을 만나 대화 나누는 것을 무척 힘들어 했다. 어렸을 때부터 낯을 심하게 가려서 아는 사람은 고사하고 친척들에게 인사하는 것조차 곤혹스러워할 정도였다. 특히 처음 만난 사람에게 먼저 스스럼없이 말을 건다는 생각은 꿈에도 하지 못할 만큼 소심하고 수줍음을 많이 탔다.

처음 만나 몇 분 만에 신뢰를 얻어야 하는 직업을 갖다

대학을 졸업하고 사회에 나와서도 나의 괴로움은 계속되었다. 24살에 취직하여 갖게 된 직업은 커리어 어드바이저(Career Advisor)로 직장인들의 이직을 상담하는 일을 했다. 나보다 10살 넘게 연상인 분들을 상대로 일과 인생에 대해 상담하는데, 보통 상담 시간은 한 사람당 1시간 정도였다. 시간이 제한되어 있다 보니 몇 분 만에 처음 만난 상담자의 마음의 문을 열고 신뢰를 얻어야 한다. 그래야 '직장에 대한 불만'이나 '연봉' 같은 민감한 사안에 대해 들을 수 있고 그에 대해 핵심적인 조언을 할 수 있다. 당시에 나는 나이가 어린지라 '우습게 보이면 안 돼.' '조금이라도 나를 믿게 해야 돼.'라며 첫인상에 무척 신경을 썼다. 다른 사람에게 신뢰를 얻는 커뮤니케이션에 적극적으로 관심을 갖게 된 것은 이 직업 덕분이었다.

첫인상으로 이익을 보는 사람, 손해 보는 사람

이 무렵 첫인상 때문에 손해 보는 사람이 많다는 사실을 알게 되었다. 우수한 자질을 지니고 있는데도 처음 만난 자리에서 드러난 표정, 태도, 말 한마디로 인해 호감을 얻지 못하는 사람이 의외로 많다. 물론 차분히 대화를 나누어보면 그 사람의 잠재력을 알 수 있지만, 그런 사람들은 안타깝게도 첫인상 때문에 취직이나 사업 등 인생의 여러 상황에서 기회를 잡지 못한다.

당신의 인생을 바꿔줄 55가지 법칙

이 책은 내가 지금까지 만난 '성공한 사람들의 커뮤니케이션 방법'을 모아 놓은 것으로, 모두 실천하기 쉽고, 효과가 뛰어나며 누구나 지금 당장 실천할 수 있다. 일상생활에서 부담 없이 꾸준히 실시할 수 있는 것만을 소개하였으니 부담 갖지 않아도 된다. 어느 누구보다 귀찮은 것을 싫어해서 꾸준히 실행하지 못하는 나도 가능했으므로 여러분도 할 수 있으리라 믿는다. 그러니 꼭 실천하여 그 효과를 직접 경험해보기 바란다.

　이 책을 통해서 당신은 다음과 같이 될 수 있다.

• 처음 만난 자리에서 사람의 마음을 사로잡을 수 있다.

• 다시 만나고 싶은 사람이 될 수 있다.

• 누구를 만나도 협력을 이끌어낼 수 있다.

이런 변화로 인해 당신의 인생은 앞으로 크게 달라질 것이다.

이 책에서 소개하는 55가지 법칙을 지금 바로 실천하여, 비즈니스와 일상생활에 도움이 되기를 바란다.

차례

CHAPTER 01 | 첫 만남에서 마음을 사로잡는 법

CHAPTER 02 다시 만나고 싶은 사람이 되는 비결

CHAPTER 03 협력을 이끌어내는 공감 대화법

CHAPTER 06
일, 연애, 인간관계가 바뀐다

CHAPTER
01

첫 만남에서
마음을 사로잡는 법

일!!

01

사실은 누구나 긴장하고 있다

당신의 첫 만남도 반드시 바뀐다

사람들은 흔히 업무든 사생활이든 인간관계에서 '기브 앤드 테이크 (Give and Take)'가 중요하다고 말한다. 상대방이 필요로 하는 부분을 파악하여 적절히 충족시켜주는 것이 효과적이라는 사실은 모두 알고 있을 것이다.

그러면 '기브'에는 어떤 것이 있을까?

예를 들어 결혼식 뒤풀이나 동호회 모임에 일행 없이 혼자 참석했다고 가정해보자. 아무리 둘러봐도 처음 보는 얼굴뿐이어서 혼자만 동떨어져 있는 듯한 기분이 든다.

'누군가 말을 걸어주면 좋을 텐데…….' 이런 경우 아무와도 말

하지 않고 그 자리에 버티고 있는 방법도 있지만, 이런 자리에서 매번 아무것도 못하고 있는 자신에게 염증을 느끼게 될 것이다.

모두들 누군가 먼저 말을 걸어주기를 바란다

앞의 예에서 주위 사람들의 기분은 어떨지 한번 상상해보기 바란다. 그곳에는 당신과 마찬가지로 혼자 동떨어진 기분으로 마지못해 자리를 지키고 있는 사람이 반드시 있을 것이다. 그 사람의 심정은 어떨까? 아마도 지금의 당신처럼 '누군가 말을 걸어주면 기꺼이 응할 텐데' 라고 생각하고 있을 것이다.

그러므로 조금만 용기를 내어 먼저 말을 걸어보도록 하자.

"이 모임을 주재한 분과는 어떤 관계이신가요?"

"정말이지 이렇게 사람이 많으면 저도 모르게 주눅이 들게 되네요."

이와 같이 특별히 의미 없는 말이어도 상관없다. 상대방이 대화 상대를 찾고 있었다면 먼저 말을 걸어준 것이 고마워서 반응을 보일 것이다. 당신은 단순히 말을 걸었을 뿐이지만, 상대 입장에서 당신은 '외톨이였던 자신에게 말을 걸어준 구세주' 같은 존재이다.

'누구 먼저 말 걸어줄 사람 없나?'

'혼자라 불안한데 어쩌지.'

그런 자리를 어색해하고 불편해하는 사람은 비단 당신만이 아니다. 그 사실을 꼭 기억해두기 바란다.

만약 당신이 먼저 말을 걸어 대화가 시작되었는데, 대화가 싱겁게 끝나도 마음 쓸 필요 없다. 단지 대화가 잠시 중단된 것일 뿐이지 당신의 가치가 떨어지는 것은 아니다.

다양한 사람들과 쉽게 친해지는 사람은 다른 사람이 먼저 다가오기를 기다리는 수동적인 사람이 아니다. 조금 용기를 내어 먼저 말을 거는 사람만이 다양한 사람들과 친해질 수 있다.

 사람들에게 먼저 말을 걸어라. 그러면 고마워할 것이다

02

의식적으로 긍정적인 말을 한다

주는 자가 얻는다

경영의 신으로 불리는 마쓰시타 고노스케는 사업에 대해서 다음과
같은 말을 했다.

세상에 베푼 것 가운데 10분의 1만이 자신에게 이익으로 돌아온다.

영어에도 비슷한 뜻으로 'givers gain' 이라는 표현이 있다. 받기
를 원한다면 먼저 주어야 한다는 사고방식은 만국 공통인 것 같다.
'나는 받은 게 아무것도 없는데' 라고 생각하는 사람은, 받기를 원
하는 것의 10배를 베풀고 있는지부터 고민해보는 것이 좋을 것이

다. 이 법칙은 대화에서도 적용된다. 보통 대화를 나눌 때 상대방에게 힘이 되고 희망을 주는 말을 얼마나 하고 있는가?

"IT업계에 관한 이야기는 처음 들었어요. 진짜 재미있네요!"

"정말 훌륭한 일을 하고 계시는군요."

"그렇군요! 오늘 좋은 걸 배웠습니다."

처음 만난 자리에서도 상대방에게 이 정도의 반응은 보일 수 있을 것이다. 이와 같은 말을 들어본 경험이 있는 사람은 잘 알겠지만, 긍정적인 말의 위력은 대단하다. 격려와 칭찬을 들은 사람은 '저 사람이 나에게 기대를 걸고 있구나!' 라는 생각에 힘을 얻어 더욱 열심히 노력하려 애쓴다.

 항상 긍정적인 말을 건네라

03

첫 대면이
어색하지 않으려면

상대방이 말하고 싶어 하는 주제가 무엇인지 파악한다

"A씨는 어떤 일을 하고 계신가요?"

"시시한 월급쟁이예요."

"……"

"근처 사무실에 자주 가는데, 다음에 식사라도 같이 하는 건 어떠세요?"

"글쎄요, 이번 달은 계속 바빠서 좀처럼 시간 내기가 힘들 것 같아요."

"……"

아무리 이쪽에서 먼저 인사를 하거나 적극적으로 말을 걸어도 상

대방이 반응을 보이지 않는 경우가 있다. 그렇다고 바로 '이래서 내가 먼저 말을 걸기 싫다니까…….' 라며 실망한다면 정말 애석한 일이 아닐 수 없다.

처음 반응이 좋지 않아도 신경 쓰지 마라

가령 상대방의 반응이 좋지 않더라도 그 상황에서 여러 가지를 배울 수 있다. 상대방의 반응이 시원찮은 원인이 자신에게 있는 경우가 있는데, 다음과 같은 이유를 생각해볼 수 있다. '목소리가 작아 알아듣기 어렵다.' '표정이 굳어 있어 딱딱한 인상을 준다.' '상대방이 다른 일에 집중하고 있어 타이밍이 적절하지 못했다.' 이러한 원인을 생각해볼 수 있다.

상대방에게 원인이 있는 경우는 '긴장하여 어떻게 대응해야 할지 모른다.' '당신이 어떤 사람인지 잘 몰라서 경계하고 있다.' '애초에 말하고 싶은 생각이 없었다.' 이와 같은 다양한 이유를 생각해볼 수 있다.

상대방의 반응이 좋지 않으면 '나에게는 매력이 없어……' 라며 극단적인 생각에 빠져 침울해하는 사람이 있다. 하지만 상대방이 당신에게 전혀 관심이 없어서 말하기 싫어할 가능성은 매우 희박하다.

사람에게는 각자 '말하고 싶은 이야기'가 있다

사람에게는 반드시 '말하고 싶은 이야기' '들어주기를 바라는 이야기'가 있다. 앞에 나온 예에서 상대방이 '시시한 봉급쟁이'라고 대답한 것은, 지금은 일에 대해 이야기하고 싶지 않다는 의미일 수도 있다. 반대로 '저는 취미로 달리기를 하는데, 당신은 취미로 무엇을 하시나요?'라고 묻거나 '쉬는 날에는 어떻게 보내세요?'라고 물으면 기다렸다는 듯이 적극적인 반응을 보일지도 모른다.

이런 경우는 어떤 상황에서 상대방이 어떻게 반응하는지를 정확하게 파악하는 것이 중요하다. '반응이 별로다＝말하고 싶지 않다 or 말할 수 없다'라는 사실만 알고 있어도 첫 만남 특유의 어색함과 침묵이 불편하거나 부담스럽게 느껴지지 않는다. 먼저 '기브 앤드 테이크' 정신을 잘 이해하고 실천해보기 바란다.

 상대방의 반응을 정확하게 파악하라

04

상대의 말보다
'감정'에 반응한다

상대방의 마음을 사로잡는 것이 중요하다

사람을 처음 만날 때뿐만 아니라 대화를 나눌 때 여러분이 반드시
파악하고 있어야 하는 것이 있다. 당신은 다음과 같은 말을 들으면
어떻게 반응하는가?

"생각처럼 잘 풀리지 않아 고생하던 거래가 드디어 성사되어서……"
"이번 달은 계속 야근을 하면서……"

이 말은 가끔 다음처럼 뒷말이 이어지기도 한다.

"생각처럼 잘 풀리지 않아 고생하던 거래가 드디어 성사되어서 너무 기뻐요."

"이번 달은 계속 야근을 하면서 열심히 한다고 하는데 기대한 것과 달리 성취감이 적네요."

진정한 소통은 상대방의 감정에 공감하는 것

앞에 나온 문장들은 말하는 이의 '감정'이 표현된 것으로 듣는 사람이 무언가 반응을 보여주기를 바라고 있다. 그렇게 생각하면 커뮤니케이션은 표면적으로 주고받는 말보다 그 안에 담겨 있는 '의도'나 '의미'를 파악하는 것이 중요하다는 사실을 알 수 있다.

예를 들면 이런 상황을 경험해본 적이 있을 것이다.

상대방 "생각처럼 잘 풀리지 않아 고생하던 거래가 드디어 성사되어서 너무 기뻐요."

(이 기쁨을 공유하고 싶다!)

당 신 "그래요."

(으음, 기뻤구나. 그거 다행이네.)

상대방 "……."

(저 반응은 뭐지? 내 이야기를 제대로 듣고 있는 거 맞아!?)

당 신 "……."

(무슨 일일까? 갑자기 기분이 안 좋아 보이네.)

당신은 말하는 이의 이야기에 열심히 귀를 기울이고 있는데 상대방은 그것을 전혀 느끼지 못하고 있으니 참 답답한 노릇이 아닐 수 없다. 하지만 커뮤니케이션을 단순히 '사건의 공유'나 '사건의 전달'로 이해하는 한 계속 이런 반응밖에 보여주지 못한다.

다른 사람의 말을 들을 때 유의해야 할 중요한 사항이 '사건'보다 상대방의 '감정'에 초점을 맞춰야 한다는 점이다. 구체적으로 말하자면 다음과 같은 반응이 이상적이다.

상대방 "생각처럼 잘 풀리지 않아 고생하던 거래가 드디어 성사되어서 너무 기뻐요."

(이 기쁨을 공유하고 싶다!)

당 신 "와아, 정말 기뻐할 만한 일이네요!"

(정말 다행이다. 무척 기뻤겠는걸.)

상대방 "그렇죠! 그래서……"

상대방이 말하고 있는 것이 '긍정적'인 주제인가, 아니면 '부정

적' 인 주제인가?

이야기를 잘 듣고 그 말에 내포된 의미가 무엇인지 헤아려서 상대방의 감정을 느껴보기 바란다. 그리고 그 감정을 구체적으로 말로 표현해 반응함으로써 '당신의 이야기를 놓치지 않고 잘 듣고 있다', '당신이 말하고자 하는 바를 잘 이해하고 있다' 라는 사실을 전달해줄 수 있다.

지금 당장 시작하자 **말 속에 담긴 감정을 민감하게 감지하라**

05

칭찬은 대화에 활력을 불어넣어준다

상대방의 장점을 찾아라

처음 만난 사람과 대화를 나눌 때 상대방을 칭찬하는 것이 대화의 흐름을 좋게 한다는 사실은 다들 알고 있을 것이다. 하지만 막상 실천하려고 하면 어색하다고 호소하는 사람이 많다. 동양 문화권에서는 대놓고 사람을 칭찬하는 것이 어쩐지 쑥스럽고 민망한 일이라고 여기는 경향이 있기 때문이다.

이런 문화에서 자란 사람들은 칭찬하는 방법도 배우고, 여러 가지로 노력을 기울여야 한다.

칭찬을 잘 하려면 상대방에게 호의를 갖고 대해야 한다. 내 경우는 의식적으로 상대방의 장점을 한 가지 찾아서 그것을 본인에게

알려주려고 애쓴다.

"A씨는 에너지가 넘쳐 보여요. 덩달아 저까지 기운이 납니다."

"와아, 젊은 분인데 매니저시군요! 대단하시네요. 그 비결을 꼭 좀 알려주세요."

'칭찬'과 '아부'의 차이는?

사람은 자신에게 관심과 호의를 보이는 사람에게 자연스럽게 호감을 갖게 되어 있다. 게임하듯이 상대방의 뛰어난 점을 찾아서 그 사람의 장점을 본받아 자기 성장의 기회로 삼을 수 있고, 상대방에게 호감도 얻을 수 있으니 일석이조인 셈이다. 좋은 점을 발견하여 칭찬하는 것과 아부해서 치켜세우는 것은 전혀 다르다. 후자의 경우는 '이렇게 말하면 좋아하겠지'라는 자기중심적인 사고가 숨겨져 있으므로 '마음에도 없는 소리를 하는군. 요령이나 부리는 사람일세!'라며 아첨꾼 취급을 받아도 어쩔 수 없다.

그러나 전자에는 자신의 이익이 아닌 상대방을 생각하는 진실한 마음이 담겨 있다. '상대방의 좋은 점에 대해서 실제로 자신이 느낀 사실'을 전하는 것이므로 상대방에게 도움이 되는 정보라고 할 수 있다.

그리고 항상 상대방의 좋은 점을 찾는 데 유념하면 상대방의 진심을 들을 수 있고, 나아가 대화도 한층 깊어지는 이점이 있다. 다음과 같은 예를 들어보겠다.

당 신 "실적이 그렇게 좋으신데 너무 겸손하셔서 놀랐습니다."
상대방 "아뇨, 아직 여러모로 부족합니다. 예전에는 꽤 교만했었거든요."

이처럼 진심을 담아 칭찬하면 상대방은 그 말에 기분이 좋아져 조금씩 마음을 열게 된다. 그러면서 자연스럽게 이전보다 더 깊이 있는 정보나 솔직한 심정을 털어 놓는 경우가 많다.

당 신 "아, 그러세요. 제게 그 이야기를 조금 더 자세히 들려주시겠어요."

이와 같이 점점 더 깊은 대화를 나눌 수 있다. 서로 깊이 있는 대화를 나눌 정도로 마음의 문을 열면 그에 상응하여 신뢰 역시 높아진다.

 항상 상대방의 좋은 점을 찾으려고 노력하라

사람을 칭찬하면 대화가 점점 활기를 띤다

06

효과적으로 칭찬하는 방법 3가지

이렇게만 하면 당신은 칭찬의 달인!

사람을 칭찬하는 것은 결코 쉬운 일이 아니다. 그래서 지금까지의 경험과 시행착오를 통해 깨달은 칭찬하는 방법을 소개하려 한다. 나는 칭찬할 때 다음과 같은 점을 유의한다.

① 느낀 순간 바로 칭찬한다

사소한 것처럼 느껴질지 모르나, 이것은 매우 중요하다. 처음 만난 자리라면 첫인상이나 복장, 소지품, 유머감각에 대해 칭찬해보라. 두 번째 이후에는 헤어스타일이나 생각했던 이미지와 실물의 차이 등을 칭찬해보기 바란다. 칭찬의 생명은 타이밍이다. 칭찬할

일이 있으면 머뭇거리지 말고 '바로' 말하는 편이 상대방에게 강한 인상을 심어줄 수 있다.

'입 밖으로 소리 내어 말하는 것'도 중요하다. 당연한 말이지만 마음속으로 생각만 하고 있어서는 상대방에게 전해지지 않는다.

상대방이 이미 누군가에게 들었을 법한 이야기는 해봤자 재탕하는 꼴이 되므로 그다지 강한 인상을 남기지 못하며, 타이밍을 놓친 칭찬은 아무래도 부자연스럽게 들리기 때문에 효과가 별로 없다.

평소에 다른 사람을 칭찬하는 데 익숙하지 않은 사람은 다소 저항감이 느껴질 수 있으나, 처음에만 그렇게 느낄 뿐이다. 대화하는 가운데 한 번이라도 칭찬의 효과를 직접 경험하면 틀림없이 다시 칭찬하고 싶어질 것이다. '사람은 누구나 칭찬받기를 원한다.'는 사실을 잘 기억해두기 바란다.

② 좋은 점이라 생각한 부분을 구체적으로 설명한다

상대방의 좋은 점을 이야기할 때 일반적인 형용사만 나열해서는 소용이 없다. 그것은 상대방에게 좋은 인상을 남기기는커녕 오히려 진실성이 느껴지지 않아 반감을 살 수도 있다. 모처럼 용기를 내서 상대방을 칭찬했는데 역효과가 나서는 안 되지 않겠는가. 그러니 칭찬할 때는 구체적으로 자세하게 말해야 한다.

× "대단한 관록이 느껴지세요."

○ "말씀하시는 모습이 무척 자신감 있고 당당해 보이세요. 저는 긴장해서 떠는 때가 많은데, 관록이 몸에 밴 분은 다르구나 하고 감탄했습니다."

상대방은 구체적인 칭찬을 들으면 자신이 무엇 때문에 칭찬을 받는지 알 수 있다. 때문에 추상적인 칭찬보다 설득력이 높아진다. 또한 '나를 정말 그렇게 생각하는구나.'라는 진심이 전해져서 상대방에게 안정과 신뢰를 가져다준다. 만약 본인이 깨닫지 못한 부분을 칭찬하면 상대방은 새로운 '자신의 장점'을 발견하게 된 것이므로 당신에게 감사하는 마음을 갖게 될 것이다.

③ 인상이 아닌 자신의 감정을 말한다

이것 역시 주요한 사항이다. 칭찬할 때 단순히 인상만을 이야기하면 표면적으로 들릴 수 있다. 그러므로 어떻게 느꼈는지 혹은 어떻게 생각하는지, 자신의 견해를 반드시 말하기 바란다.

× "양복이 멋지군요!"

○ "양복이 단정하고 정장 분위기가 풍겨서 좋아 보여요! 잘 어울리기도 하고요."

이와 같이 자신의 감정을 곁들여 말하면 칭찬이 훨씬 진실성 있게 다가오기 때문에 상대방에게 더 큰 힘을 준다. 당연히 친근감도 두 배로 높아진다.

참고로 대화를 나눌 때 '나는 이렇게 생각한다.' 라는 표현을 사용하면 설득력을 높여줄 뿐만 아니라 당신이 하는 발언의 신용도를 높여주는 효과가 있다.

 칭찬할 때는 즉시, 구체적으로, 감정을 담아 말한다

07

칭찬할 때 주의할 점을 알아두자

칭찬할 때 실수하기 쉬운 2가지

사람은 대부분 칭찬을 들으면 기분이 좋아진다.

기분이 좋아지면 모든 일에 대해 한층 의욕적으로 변하게 된다. '칭찬'이 사람을 움직이는 효과적인 수단 중 하나인 것은 분명하다. 하지만 잘못 사용하면 안 하니만 못한 결과를 초래할 수 있으므로 섬세한 기술이 필요하다. 칭찬할 때 주의해야 할 2가지 사항을 살펴보도록 하자.

① 칭찬을 지나치게 해서는 안 된다

칭찬을 해야겠다고 마음먹고 있으면 말이 많아져서 그만 "멋쟁

이시네요." "센스가 좋으세요." "멋있으세요."와 같은 칭찬을 연발하는 경우가 있다. 그러나 이런 칭찬은 안타깝게도 역효과를 불러일으킨다.

지나친 칭찬은 독이 될 수 있다

'말수'와 '메시지 전달력'은 비례하지 않으며, 오히려 말이 많으면 사탕발림 같은 '아첨'이나 '아부'로 치부되기 쉽다. '정말 좋은데'라고 느꼈을 때 상대방에게 살짝 한마디 건네는 정도로만 칭찬하자.

사람들에게 '말이 가벼운 사람'이란 인상을 심어주면 '칭찬'의 진의가 제대로 전달되지 않을 뿐만 아니라, 사람들은 당신이 하는 모든 말을 의심하게 된다. 결국 당신이 하는 말 자체가 신용을 잃게 될 수 있다. 이렇게 되면 당신만 큰 손해이니 말할 때는 한마디 한마디에 주의를 기울이도록 하자.

나도 상대방의 좋은 점을 바로 이야기하는 습관이 있어서 종종 말이 많아지고는 한다. 과거에는 칭찬을 듣고 기뻐하지 않는 사람은 없을 것이라 생각해 칭찬을 연발하는 경향이 있었다. 그러다 어느 날 칭찬이 과하면 상대방에게 불쾌감을 줄 수도 있다는 사실을 깨닫게 되었다. 너무 말이 많으면 말에 무게가 없어지고 가치가 떨

어질 수밖에 없다. 그 이후로 말에 일정한 무게를 실어서 전달하는
것을 중요하게 생각하게 되었다.

② 칭찬하는 대상을 실수해서는 안 된다

× "스카프가 멋지군요!"

○ "그런 스카프가 어울린다니, 과연 센스가 좋으시네요."

× "배우 A씨하고 닮으셨어요."

○ "눈빛이 살아 있고, 당당한 분위기가 멋있으세요. 마치 배우 같아요."

× "그 아이디어 뛰어나군."

○ "자네는 언제나 좋은 의견을 내는군."

앞에서 든 예를 보면 이해할 수 있을 것이다.

칭찬하는 대상은 어디까지나 '상대방'이어야 한다. 흔히 사람들
은 상대방이 유명인과 닮은 경우 닮았다는 사실만을 말하는데, 진
정한 칭찬은 '상대방의 좋은 점이 무엇인지'를 말해주는 것이다.

그리고 상대방의 아이디어를 칭찬하는 것은 좋지만, 그 아이디어
를 낸 사람에 대해서도 칭찬을 해주기 바란다. 상대방은 자신의 패

션 감각이나 외모, 아이디어 창안 능력을 칭찬받으면 그만큼 자신
감이 강해진다.

**지나치게 칭찬하지 않도록 주의하고 칭찬하는 대상에 주
의하라**

08

일주일 뒤에도 기억에 남는
인상적인 명함 교환 방법

명함을 받는 기본자세

업무상 새로운 사람을 만나면 먼저 통과의례처럼 '명함 교환'을 한다. 명함을 교환하는 태도에 따라 그 사람의 첫인상이 달라질 수 있다. 그래서 사람들은 명함을 주고받을 때 일주일이 지난 뒤에도 기억에 남을 만큼 상대방에게 강한 인상을 남기기를 원한다.

'교환'이 목적이 아니다

애초에 명함 교환의 목적은 명함을 주고받기 위함이 아니라, 다음 방문이나 업무거래 등 이후 행동을 위한 준비 작업이기 때문에 중요한 것이다. 명함을 주고받은 순간부터 서로의 관계가 다음 단계

로 넘어가기 위한 커뮤니케이션을 해야 한다는 의미이다.

지금까지 몇 만 명에 달하는 사람을 만나는 동안, '이 사람과 더 대화를 나누고 싶다' '이 사람과 이야기하면 마음이 편하다' 라는 느낌을 준 사람들이 있었다. 나에게 좋은 인상을 남긴 사람들의 공통점을 살펴보면 다음과 같다.

① 첫 인사는 정중하게 한다.
② 대화의 폭을 넓히려 애쓴다.
③ 계속 관계가 유지되기를 바란다는 의사 표시를 한다.

구체적으로 어떻게 하는지 ①의 예를 들어보도록 하겠다.

① 첫 인사는 정중하게 한다

"처음 뵙겠습니다! 앞으로 잘 부탁드립니다!"

깊이 허리 숙여 인사하고 상대의 눈을 보며 말하는 것은 인사의 기본예절이다. 그런데 명함을 교환할 때 명함에 관심을 기울이느라 미처 상대방의 얼굴을 제대로 쳐다보지 않는 경우가 많다. 그런 일이 없도록 주의해야 하며 기본예절에 따라 공손하게 인사하면 좋은 인상을 남길 수 있다.

명함을 상대방의 분신이라 생각한다

명함을 교환할 때 좋은 첫인상을 주려면 명함을 공손히 다루려는 마음의 자세가 필요하다. 명함을 상대방의 분신과 같다고 생각하고 소중하고 예의 바르게 다루어야 한다. 이야기를 나누는 동안에는 명함 지갑에서 꺼내 놓아야 하며, 명함을 가슴 높이보다 아래로 내리지 않도록 유의해야 한다. 명함을 받고 바로 명함 지갑에 넣으면 상대방이 '나에게 별로 흥미가 없는 모양이군.' 하고 오해할 수 있다.

 명함은 상대방의 분신이라 생각하여 공손히 다루어라

첫 인사는 무조건 정중하게 한다

'명함 = 상대방의 분신' 이라 생각한다

- 명함은 정중하게 다룬다.
- 대화를 나누는 동안에는 명함 지갑에서 꺼내 놓는다.
- 명함을 가슴 높이 아래로 내리지 않는다.

- 명함을 함부로 다룬다.
- 명함을 받자마자 바로 명함 지갑에 넣는다.
- 받은 명함을 가슴 높이보다 아래에 둔다.

09

명함을 이용해 대화의 폭을 넓힌다

이야깃거리가 가득 담긴 명함

명함을 받은 상대방이 명함에 담긴 내용을 소재 삼아 이야기를 확장해 가는 경우가 있다.

"아, 사무실이 종로구에 있으시군요! 저도 자주 가는 곳입니다!"
"여기 ○○스페셜리스트라고 쓰여 있는데, 어떤 업무를 하고 계시나요?"

명함을 보고 이와 같은 반응을 보이면 상대방은 순순한 기쁨을 느끼게 된다. 서로 공통점을 발견하거나, 비슷한 입장에서 동병상련을 느끼며 이야기를 나누다 보면 친근감이 생기고 그 뒤에는 자

연스럽게 대화의 폭이 넓어진다. 심리학적으로도 누군가에게 '질문을 하는 것'은 그 사람에게 '관심이 있다'는 의미로 파악되기 때문에 질문을 받는 입장에서는 기분 좋은 일이다.

명함에는 명함의 재질, 색상, 디자인, 폰트, 회사명, 직함, 연고지, 관련 업무 등 대화 소재가 될 만한 것들이 무궁무진하다.

명함을 이용하면 간단히 대화의 폭을 넓힐 수 있다!

명함을 소재로 삼아 대화를 나누다가 관련 업계 업종이나 근무지역, 지인 등 어떤 공통점을 발견하면, 친근감이 생기면서 대화는 활기를 띠게 되고 단숨에 서로의 거리가 좁혀진다. 그 밖에 업무나 개인적인 일로 상대방 사무실 부근에 자주 가는 편이라면 같은 빌딩에 있는 고객이나 근처 인기 있는 식당을 화제로 삼아도 좋을 것이다.

나는 명함을 제작할 때 어떻게 하면 디자인과 내용으로 사람들의 흥미를 끌 수 있을지 고민한다. 현재 사용하고 있는 명함 앞면에는 회사 이름이나 직함 없이 오직 내 이름만 쓰여 있다. 폰트도 활판인쇄 분위기가 나는 서체를 사용했다. 모양은 반으로 접는 접이식 명함으로 그 안에는 내가 연재하는 글과 저서, 어떤 일을 하고 있는지에 관한 정보가 담겨 있다. 뒷면에는 직함과 함께 사진을 넣고 약력을 겸한 간단한 소개 글을 적었다.

당신의 명함은 '제 기능'을 하고 있는가?

처음 만난 자리에서 명함을 건넸는데도 상대방에게 "어떤 일을 하고 계신가요?"라는 질문을 받은 적이 있다면 주의할 필요가 있다. 본디 명함은 그 사람이 어떤 일을 하고 있는지 알려주기 위한 소개서 같은 것이다. 그런데 명함을 봤는데도 그런 질문을 한다는 것은 그 사람의 명함이 제 기능을 못하고 있다는 뜻이다. 처음 만난 사람이 당신의 명함을 보고 한눈에 회사 성격과 담당업무를 바로 이해할 수 있는지, 그리고 명함의 내용이 상대방에게 흥미를 불러일으킬 수 있는지 확인해보기 바란다. 스스로 판단했을 때 이해하기 어렵겠다 싶은 경우에는 명함을 받은 사람이 쉽게 이해할 수 있도록 "이런 일을 하고 있습니다!"라고 간결하게 설명하는 연습을 하자. 혹은 "명함이 좀 보기 어려우시죠."라는 말로 대화를 시작하는 것도 좋은 방법이다.

 지금 당장 시작하자 **명함을 이용하여 대화의 폭을 넓히는 연습을 하라**

명함을 이용하면 간단히 대화의 폭을 넓힐 수 있다

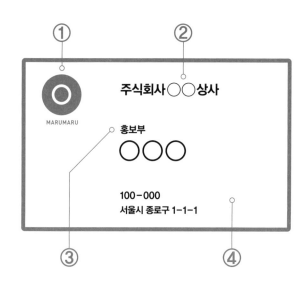

① 회사 마크 ➡ 의미를 묻는다

② 회 사 명 ➡ 어떤 회사인지 묻는다

③ 직 업 ➡ 업무 내용을 묻는다

④ 주 소 ➡ 가장 가까운 역을 묻는다

10

다시 만나고 싶다는 마음을 전달한다

일회성 만남으로 끝나서는 안 된다

사람을 처음 만나면 먼저 명함을 주고받은 뒤 약간의 대화를 나눈다. 어느 정도 대화가 마무리되면 상대방에게 차후 만남을 제안한다. 예를 들면 다음과 같이 말할 수 있다.

"종로에 회사가 있군요. 그 부근에 업무 차 자주 가는데 괜찮으시면 점심이라도 같이 하시겠어요?"

나는 항상 만나러 가기 전에 미리 앞의 일정을 확인해 두었다가 우선 제안이라도 해보는 편이다.

"다음 주 화요일 오전 7시에 조찬모임이 있습니다. 여러 지역의 경영자들이 참석하여 사업적인 일을 처리하기 때문에 큰 자극이 되리라 생각합니다."

'권유'가 아닌 '제안'을 하자

'권유'가 아닌 '제안'이므로 결코 억지로 강요하지 않는다. 어디까지나 결정은 상대방이 하는 것이기 때문에 판단을 내릴 수 있도록 정보를 제공하는 것으로 충분하다. 참석 여부는 그 사람에게 맡겨 놓도록 하자.

눈앞에 있는 상대방과 계속 관계를 유지할 것인지, 말 것인지는 그 자리에서 판단하여 바로 행동으로 옮기는 것이 좋다. "오늘은 이쯤 하고 다음에 다시 잘 부탁드립니다."와 같이 아무런 결실도 맺지 못하고 회의를 마치는 듯한 마무리는 피하는 것이 좋다. 기한을 정하고 다음 행동을 취하기 바란다.

 점심이나 교류 모임 등에 계속 초대하라

CHAPTER 01

첫 만남에서
마음을 사로잡는 법

---

❶ 다른 사람들에게 먼저 말을 건넨다.

❷ 첫 만남에서는 누구나 긴장한다.

❸ 말보다 상대방의 '감정'에 반응한다.

❹ 칭찬은 대화에 활력을 불어 넣는다.

❺ 명함은 상대방의 분신이라 생각하여 공손히 다룬다.

CHAPTER
02

다시 만나고 싶은
사람이 되는 비결

11

인사는 반드시 먼저 한다

심리적으로 우위를 확보하면 여유가 생긴다

사적으로나 업무적으로나 사람을 처음 만났을 때는 무조건 먼저 인사를 하기 바란다. 다시 말해 첫 만남인 경우에는 꼭 상대방에게 먼저 말을 건네라는 의미이다. 활기찬 목소리로 먼저 인사를 건네면 감정적으로 우위에 설 수 있으며, 인사는 상대의 마음을 사로잡는 힘이 있다.

하지만 그것을 의식적으로 실천하는 사람은 매우 적다. 적극적으로 먼저 인사하는 사람과 남이 인사하기를 기다리는 사람 사이에는 큰 차이가 있다.

인사는 상대방을 인정하는 행위이다

인사의 본질을 이해하기 위해서는 '挨拶(아이사츠라 읽으며 일본어로 인사를 뜻함–역주)' 라는 한자의 어원에 대해 알아보는 것이 가장 좋다. 挨라는 한자에는 '밀어서 열다' , '서로 마음을 열고 가까워지다' 라는 의미가 있으며, 拶에는 '다가서다' , '가까이 다가오다' 라는 의미가 있다. 즉, 서로 마음을 열고 상대에게 다가가는 것이 인사이다. 그렇기에 다른 사람보다 먼저 인사를 하면 상대방에게 호감을 얻을 수 있다.

반대로 말하면 다른 사람이 인사하기를 기다리기만 하고 먼저 인사하지 않는 사람은 상대방에게 마음을 열지 않는다는 뜻이며, 그것은 상대방을 무시하는 것과 마찬가지이다.

당신의 인사는 제대로 전달되고 있는가?

인사는 상대방에게 전해져야 비로소 성립된다. 또한 인사는 상대방에게 좋은 인상을 심어줄 수 있는 커뮤니케이션의 기회이기도 하다. 그런데 그 기회를 제대로 살리지 못하는 사람을 주변에서 종종 보게 된다. 혹시 이런 경험을 해본 적이 없는가?

당 신 "안녕하세요!"

상대방 "안녕하세요······"

(이 사람, 기운이 없어 보이는걸.)

당　신 "안녕하세요. 처음 뵙겠습니다!'

상대방 "······"(가볍게 아는 체만 함)

(뭐지, 이 반응은? 나를 싫어하나······)

　상대방이 먼저 인사를 건넸을 때 의도적으로 무시하다시피 하거나 떨떠름한 반응을 보이는 경우는 없을 것이다. 그 사람의 평소 성격이 무뚝뚝하거나 뭔가 골똘히 생각하고 있어서 제대로 반응하지 않았을 것이다. 하지만 악의가 없다 해도 계속 이런 반응을 보인다면 머지않아 아무에게도 인사를 받지 못하게 된다. 그것은 결국 그 사람에게 아무도 마음의 문을 열지 않게 된다는 의미이기도 하다.

 '인사는 먼저 하는 사람이 승자' 라고 생각하라

인사는 마음의 문을 여는 행위이다

머뭇머뭇

먼저 인사를 건네지 못하는 사람은 누구도 상대해주지 않는다

안녕하세요!

먼저 활기차게 인사만 건네도 호감도가 상승한다

12

기분 좋은 인사가 좋은 인연을 만든다

제대로 인사조차 못하는 사람이 늘고 있다!

커뮤니케이션에 관한 책에서 새삼스럽게 인사 이야기를 하는 이유가 뭐지? 이런 의문을 갖는 사람도 있을 것이다. 그 이유는 명백하다. 인사를 대수롭지 않게 여기는 사람들이 많아 제대로 인사조차 못하는 사람이 늘고 있기 때문이다. 요즈음 상황이 이렇다 보니 인사만 제대로 해도 인간관계에서 크게 유리하다. 실제로 인맥이 넓고 언제나 사람들의 중심에 있는 사람들은 인사를 전략적으로 활용한다.

인사는 호의를 표현하는 행위이다

참고로 여기서 말하는 인사는 '안녕하세요.' 와 같은 전형적인 인사

에 국한된 것이 아니다. 인간관계를 강화하는 데 도움이 되는 한마디 한마디를 모두 인사라고 정의한다.

예를 들어 만난 사람이 어쩐지 즐거워 보인다면 "무언가 좋은 일이 있으신가 봐요?"라고 말을 건네는 것도 인사이다. 두 번째 만난 사람이 전과 달리 표정이 우울해 보일 때 "오늘 무슨 일 있으세요?"라든가, "뭐 힘든 일이라도 있으세요?"라고 염려하는 말을 건네는 것도 인사이다.

이와 같이 '당신에게 관심을 기울이고 있다' '당신을 배려하고 있다'라는 마음이 상대방에게 전달되면 두 사람 사이에는 친근감이나 신뢰관계가 자연스럽게 형성된다. 이런 작은 배려 하나로 업무적인 관계는 물론 사적인 관계도 크게 달라진다. 거듭 말하지만 인사를 우습게 여기는 사람이 많을수록 인사는 당신의 효과적인 무기가 될 수 있다.

지금 당장 시작하자 **인사를 소홀히 해서는 안 된다. 인사만 제대로 해도 인간관계가 잘 풀린다**

13

웃는 얼굴이 중요한 진짜 이유

표정이 뚱한 사람에게 말을 걸고 싶은가?

웃는 얼굴과 시선은 첫인상을 결정하는 데 가장 큰 영향을 미친다. 새삼스럽게 그 중요성을 설명할 필요는 없겠지만, 한 가지만 이야기 하고자 한다. 실제로 직장인들을 대상으로 연수를 진행하는 중에 참 가자들에게 '지금까지 첫인상이 좋았던 사람들의 공통점은 무엇인 가?'라는 설문조사를 실시해보면 꼭 '웃는 얼굴'과 '시선'이 빠지지 않고 상위에 오른다.

판매 전문가가 알려주는 웃는 얼굴의 힘

유명 브랜드인 C사에 판매직으로 입사하여 첫해에 전국 MVP를 획

득한 N씨 역시 신기하게도 비슷한 말을 했다.

"주변 사람들에게 '항상 웃고 계시네요.' 혹은 '즐거워 보이세요.' 라는 말을 자주 들어요. 아마도 그래서 고객들이 제게 말 걸기가 쉬운 모양이에요. 도움이 필요한 고객이 없는지 주위를 둘러보기도 하고, 방해가 되지 않는 범위에서 고객의 시야 안에 있다가 자연스럽게 눈이 마주치도록 했어요.(웃음)"

불특정 다수의 고객을 대응하는 일에 익숙한 사람도 그러할진대, 잠재고객을 처음 만난 자리에서는 어떠하겠는가. 지금까지 사람을 대할 때 얼굴표정을 중요하게 생각지 않았다면 앞으로는 주의를 기울여야 한다. 표정은 첫인상을 좌우하는 주요 요인이므로 평소에 무표정하거나 표정이 딱딱한 사람은 바로 고치기 바란다.

입장을 바꿔놓고 생각해보자. 예를 들어 '오늘은 상사 기분이 별로인 것 같아.' 혹은 '지금은 선배한테 말을 걸지 않는 편이 좋겠군.' 이라는 판단을 내릴 때 무엇을 기준으로 삼는가? 아마도 상대방의 표정을 보고 판단할 것이다. 표정이 굳어 있으면 주변 사람들은 그 분위기를 민감하게 받아들인다. 그래서 첫 만남인 경우는 더욱 얼굴표정이 중요하다.

지금 당장 시작하자 **사람들이 다가와 말을 걸 수 있도록 웃는 표정을 짓고 있어라**

14

호감을 부르는
얼굴의 포인트

어떻게 하면 웃는 얼굴을 만들 수 있을까?

사람을 대할 때 웃는 얼굴이 중요하다는 사실은 누구나 잘 알고 있다. 하지만 매일 거울을 들고 다니며 확인할 수도 없는 노릇이다. 평소에 표정을 관리하기가 쉽지는 않다. 그래서 이번에는 쉽고 자연스럽게 웃을 수 있는 방법을 소개하려 한다.

먼저 하얀 종이에 둥근 원을 그린다. 거기에 자신의 눈을 그려 넣는다. 여기까지 되었는가? 눈을 그리라고 하니 고민하는 사람이 있는데, 점같이 작은 눈도 괜찮고, 커다란 눈, 아래로 처진 눈 등 어떤 눈이든 상관없다. 이렇게 원 안에 눈만 그려놓으니 눈 모양에 따라서 화가 난 듯 보이기도 하고, 슬픈 듯 보이기도 하고, 무심해 보이기

도 한다. 여기에 '스마일' 하고 웃는 입을 그려보자(65페이지를 보기 바란다).

정말 신기하지 않은가. 모든 얼굴이 웃는 얼굴로 보인다. 이와 같이 웃는 얼굴의 포인트는 입술 양끝이 올라간 입이다. 어떤 눈을 하고 있어도 입술 양끝이 올라가면 웃는 표정이 된다. 입술을 손으로 당겨서 그 주변 근육을 풀어주는 습관을 갖도록 하자. 앞으로 자연스럽게 웃을 수 있을 것이다.

웃는 얼굴은 선천적인 것이 아니다. 어학이나 스포츠와 마찬가지로 꾸준한 연습을 통해서 얼마든지 습득할 수 있다.

웃는 얼굴을 한층 더 매력적으로 만들자

주위를 둘러보면 웃는 얼굴 하나로 자기 분야에서 성공한 것처럼 보이는 사람들이 있다. 웃음은 주변 분위기를 온화하게 만들기 때문에 밝게 웃는 사람 주위에는 사람들이 모여든다.

모두들 첫 만남에서 웃는 얼굴이 얼마나 중요한지 이해했을 것이다. 단, 주의할 것은 형식적인 미소는 무언가 꿍꿍이가 있는 것처럼 보여서 상대방에게 경계심을 불러일으킬 수도 있다는 점이다. 그러면 상대방을 마음속으로부터 안심시킬 수 있는 웃음이란 어떤 웃음일까?

나는 웃음에 '감사'의 마음이 담겨 있어야 한다고 생각한다. '내 이야기를 들어줘서 고맙다.'라는 마음이 담겨 있어야 한다는 뜻이다. 솔직히 상대방에게는 당신의 이야기를 경청할 의무가 없다. 당신이 하는 말을 듣든 말든 그것은 어디까지나 상대방이 결정할 일이다. 그렇게 생각하면 대화 상대에게 감사하는 마음이 생기지 않을 수 없다.

'나와 대화하는 데 귀중한 시간을 할애해주어서 고맙습니다.'
'내 이야기를 들어주어서 고맙습니다.'

이처럼 감사하는 마음을 갖게 되면 자연스럽게 얼굴에 웃음이 지어진다. 마음속에서 우러나오는 웃음은 상대방의 마음을 사로잡는 힘을 가지고 있다.

지금 당장 시작하자

입 주위 근육을 풀고 멋지게 웃어라!

웃는 얼굴을 만드는 간단한 방법

Before

After

웃는 얼굴을 만드는 포인트는 입술 양끝이 위로 올라간 입이다

15

능숙하게 상대방과
시선을 맞추는 방법

눈은 입 이상으로 많은 것을 말한다

눈에 생기가 있는 사람을 가리켜 '눈이 살아 있다' 라고 하고, 눈이
흐리멍덩한 사람을 가리켜 '썩은 동태 눈 같다' 라고 말한다. 눈은 입
못지않은 표현력을 가지고 있다. 대형 인재서비스기업에서 중역을
역임하고, 현재는 자신의 회사를 경영하고 있는 S씨는 "나는 사원을
채용할 때 그 사람의 과거 실적이나 지원 동기를 보지 않고 눈을 본
다. 눈을 보면 그 사람을 알 수 있다."라고 단언한다. 나 역시 오랫동
안 면접관으로 있다 보니 어느 정도는 눈을 보고 사람을 파악할 수
있게 되었다.

예를 들어 자신감이 없는 사람은 질문을 받으면 눈을 이리저리 움

직여서 눈동자가 마치 유영하는 것 같다. 반대로 확고한 자신감을 가지고 있는 사람은 안정되고 침착한 시선으로 면접관을 응시한다.

눈을 마주치는 것은 처음 만난 자리에서도 중요하다. 이야기할 때 눈을 보지 않으면 상대방은 자신을 무시하거나 우습게 본다고 생각하여 '불안' 혹은 '불쾌감' 을 느낀다. 한창 이야기하는 중에 상대방이 주위를 두리번거리거나 엉뚱한 곳을 바라보면 말하는 사람은 이야기가 지루한가 싶어 불안해질 수밖에 없다.

인사할 때 처음 몇 초 동안은 상대방의 눈을 보며 말하라. 명함을 교환할 때 명함을 주시하느라 정작 중요한 당사자를 바라보지 않는 경우를 흔히 보게 된다. 악의가 없더라도 이런 행동은 '상대방에게 관심이 없다' 는 의미로 전달된다. 사소한 것 같지만 매우 중요한 사항이다.

상대방의 눈을 정면으로 볼 자신이 없는 사람은 눈과 눈 사이를 보며 말하자. 상대방의 눈을 보며 이야기하는 것은 평소에 의식적으로 실천하지 않으면 익숙해지기 어렵다. 일상생활을 하면서 특히 상사나 선배와 이야기할 때 용감하게 도전해보기 바란다.

지금 당장 시작하자 명함이 아닌 상대방의 눈을 보라

16

성공한 사람들의
인사법은 다르다

대부분 '잘하고 있다'고 믿고 있지만 그렇지 않다

이번에도 '이제 와서 새삼 무슨 인사에 대해 설명하나' 하고 의아하게 생각하는 사람이 많을 것이다. 나 역시 사회인이 되어 기본적인 예절교육을 받을 때마다 '새삼스레 이런 것을 왜 배워야 하지?' 하며 이상하게 생각했다. 하지만 그 이유를 모르는 사람이야말로 이 기회에 자신이 평소에 어떤 식으로 인사를 하는지 다시 한 번 점검해볼 필요가 있다.

왜냐하면 사회적으로 성공한 사람이나 큰 영향력을 가지고 있는 사람을 만나 보면 하나같이 모두들 인사에 매우 철저하기 때문이다.

인사를 어떻게 하느냐에 따라 그 사람의 인상이 크게 달라지므로

예의 바르게 인사하는 법을 꼭 익혀두기 바란다.

새롭게 배우는 예의 바른 인사법

이 책은 예절에 관한 책이 아니므로 간단히 인사 요령을 설명하자면, 말과 행동을 분리해서 인사를 하는 것이 좋다. 인사할 때 "처음 뵙겠습니다." "안녕하세요."라고 말한 뒤에 허리를 숙여라. 말과 행동을 나눠서 실시하는 것이 전체적으로 공손한 인상을 준다. 많은 사람들이 입으로 인사말을 하면서 허리를 숙이는 식으로 인사한다. 그리고 머리만 숙이지 말고, 머리에서 허리까지 일직선이 되도록 허리부터 상체를 숙여야 한다. 처음 만나는 자리에서는 정중하게 허리를 45도 각도로 숙여 인사하는 것이 좋다. 보통 이렇게까지 인사예절을 지키는 사람이 거의 없기 때문에 당신의 호감도는 상대적으로 높아진다.

인사를 포함해서 기본적인 예절은 사람의 됨됨이를 나타내준다. 특히 상대방이 사람을 많이 만나는 사람이라면 그런 섬세한 부분까지 신경 쓰는 모습에 높은 점수를 줄 것이다. 작은 노력으로 호감을 얻을 수 있는 훌륭한 방법이니 유념하기 바란다.

 인사할 때 말과 행동을 분리하라

17

좋은 인상을 심어주는 방법 3가지

말이 유창한 사람들의 공통점은?

말을 유창하게 잘하는 사람들을 살펴봤을 때 그들은 다음 중 한 가지를, 혹은 전부를 실천하고 있는 경우가 많다.

① 시선 맞추기
② 제스처 활용하기
③ 알맞은 억양과 말 중간에 쉬기

일대일로 대화를 나눌 때는 상대방의 눈을 보며 말해야 한다. 이렇게 하면 진지하고 성실한 인상을 줄 수 있다.

자신이 유일한 대화 상대라고 생각하게 하라

여러 사람과 대화를 나눌 때는 한 사람 한 사람 돌아가며 모두에게 골고루 시선을 준다. 이렇게 하면 여러 사람과 이야기를 하더라도 듣는 사람은 자신에게 이야기를 하고 있는 듯한 느낌을 받게 된다. 처음부터 시선을 맞추기는 쉽지 않으므로 평소에 의식적으로 연습해두기 바란다. 눈을 보며 이야기하면 더 설득력 있게 들리기 때문에 익숙해지면 말의 설득력이 높아진다.

몸짓과 손짓은 대화에 힘을 불어 넣는다

제스처에 대해서는 굳이 따로 설명하지 않아도 모두 알고 있을 것이다. "이렇게 커다랗고……"라고 말하면서 양팔을 넓게 벌리거나, "열심히 하겠습니다!"라고 말하면서 주먹을 불끈 쥐는 등 몸짓과 손짓을 섞어 말하면 말의 내용이 강조된다. 그리고 설명할 때 "상승곡선을 그리며 증가하는……"이라고 말하면서 듣는 사람 쪽에서 오른쪽으로 갈수록 그래프가 올라가는 모양이 되게 왼쪽 방향으로 손을 움직이면 전문가다운 인상을 줄 수 있다.

몸짓이나 손짓 없이 부동자세로 이야기하면 듣는 사람은 점점 지루해져서 꾸벅꾸벅 졸게 된다. 그러나 이야기 중에 적절한 동작이 더해지면 사람들은 관심을 보이며 집중하게 되고 흥미를 가지게 되기 때문에 한층 더 효과적으로 내용을 전달할 수 있다.

속도를 조절하면서 이야기하자

말하는 중에 강조할 부분을 강조하면서 말과 말 사이에 잠깐 침묵을 두는 테크닉은 여간해서는 구사하기 힘들다. 하지만 듣는 입장에서는 상대방의 말에 훨씬 더 집중하게 되고 이해하기도 쉽다. 계속 같은 억양으로 이야기하면 중요한 부분이 어디인지 파악하기 어렵고, 변화가 없기 때문에 지루해지거나 자칫 머릿속으로 딴생각을 하기 쉽다. 반면에 말하는 중간에 목소리를 키우기도 하고, 일부러 천천히 말하다가 몇 초 동안 입을 다물기도 하는 등 변화를 주면 듣는 사람은 '뭐지? 다음에 무슨 말을 하려는 걸까?' 하는 호기심에 더욱 말하는 이의 이야기에 집중하게 된다. 중요한 부분을 말하기 전에 잠깐 말을 멈추고 쉬거나, 억양을 강하게 하여 말을 강조하면 사람들의 관심을 집중시키고 이해를 도울 수 있다.

 좋은 인상을 주는 3가지: 시선, 제스처, 억양

좋은 인상을 심어주는 방법 3가지

❶ 눈을 보며 말한다

❷ 제스처를 크게 한다

❸ 강약을 조절하며 말한다

18

말하는 방법에 따라
첫인상이 완전히 달라진다

작은 노력으로 변할 수 있다!

처음 만난 자리에서 말 이외의 '비언어 표현'이 상대방에게 큰 영향을 미친다는 사실을 모두 알고 있을 것이다. 구체적인 예를 들어보면 다음과 같다.

겉모습

옷차림, 표정, 청결함, 몸짓과 손짓

목소리

목소리 굵기(굵다 · 가늘다), 성량(크다 · 작다), 목소리 톤(높다 · 낮다)

속도, 강약, 억양, 말 사이의 간격

'말하는 방법' 때문에 손해 보는 사람들의 특징

여기서는 '말하는 방법'에 대해 살펴보도록 하자. 첫 만남에서 자신의 말하는 태도 때문에 손해를 보고 있다는 사실을 모르는 사람이 의외로 많다. 모처럼 상대방에게 자신을 알릴 수 있는 기회인데, 작은 목소리로 소곤대거나 말끝을 흐리거나 말이 너무 빨라서 무슨 말을 하는지 알 수 없을 때는 정말 안타깝다.

대화 내용이나 사람 됨됨이가 훌륭해도 말하는 태도가 명확하지 못하면 손해를 보게 된다.

예를 들어 '처음 뵙겠습니다.'라고 인사할 때도 낮은 톤으로 조용히 "처음 뵙겠습니다."라고 말하는 것과 배에서부터 우러나오는 목소리로 "처음 뵙겠습니다."라고 말하는 것은 확연히 다르다.

높은 목소리와 낮은 목소리 효과적으로 사용하기

톤이 낮은 목소리 ➡ 침착한 인상을 주며, 상대방이 차분하게 이야기를 경청할 수 있다.

그러나 말에서 생기나 활력을 느끼기 어렵기 때문에 계속 낮은 목소리로 말하면 분위기가 가라앉는다. 위엄 있게 또는 차분하게 말하고 싶을 때만 사용하면 좋다.

톤이 높은 목소리 → 활기 있으며, 알맞은 속도로 말하면 즐거운 분위기에서 경청할 수 있다. 단, 이야기하는 내내 계속 높은 톤으로 말하면 대화 분위기가 안정되지 않아 상대방이 피곤함을 느낄 수 있다. 대화에 열정과 생기를 불어넣고 싶을 때, 이목을 집중시키고 싶을 때 적절히 사용하면 좋다.

상황에 맞게 말의 속도에 변화를 준다

목소리 톤을 상대방의 톤에 맞추는 것도 중요하다. 대화 상대가 열정적으로 말하는 유형이라면 빠르고 높은 톤으로 말을 하고, 상대방이 차분하게 말하는 유형이라면 낮은 톤으로 천천히 말하는 등 상황에 맞게 대응하면 말의 전달력이 높아진다.

말하는 방법에 관심을 기울이면 희로애락을 적절하게 표현할 수 있고, 맞장구를 통해 전하고자 하는 감정(감탄, 재촉, 놀람, 경우에 따라서는 따분함 등)도 더 효과적으로 전달할 수 있다.

아무리 친한 사람이라 해도 면전에 대고 목소리에 대해서 주의를 주는 일은 거의 없기 때문에 좀처럼 자신의 목소리에 관심을 기울일 기회가 없다. 가끔 목소리를 녹음하여 듣거나, 비디오로 녹화한 영

상을 보고 자신의 말하는 습관을 확인해보기 바란다. 의외의 습관을 발견할 수도 있다.

말하기의 기본은 큰 목소리로, 말끝을 흐리지 않고, 분명하게 발음하는 것이다. 이것만 주의해도 당신의 인상은 크게 달라질 것이다.

 목소리 톤과 속도를 상황에 맞게 조절하라

19

목소리가 달라지는
효과적인 발성법

연습으로 힘 있는 목소리를 가질 수 있다

큰 목소리로 말을 하면 열정적이고 자신감 있고 추진력이 강한 사람처럼 보이기 때문에 그 사람의 의견이 더욱 설득력 있게 다가온다. 설령 소극적이고 나약한 사람이라도 그렇게 보인다. 특히 처음 만나 인사를 나누는 자리에서는 큰 목소리를 내는 사람이 대화의 주도권을 잡는 경향이 있다.

나는 원래 목소리가 크지 않고 말도 빠른 편이라 예전에는 말하는 내용을 알아듣기 어렵다는 지적을 자주 받았다. 말하는 것을 직업으로 삼고 있는 나에게 치명적인 사항이었다. 그러던 중 음대에서 성악을 연구하는 교수님에게 발성법을 배우게 되었고, 그 덕분에 문제점

이 크게 개선되었다. 그때 배운 내용 중 일부를 소개하도록 하겠다.

음대에서 배운 발성 연습법

발성 연습의 기본은 복식호흡이다. 평소에 복근을 사용하여 목소리를 내는 법을 익혀두면 공적인 자리에서도 자연스럽게 안정적인 목소리가 나오게 된다.

서 있을 때 중심을 살짝 발끝 쪽에 두고, 몸이 약간 앞으로 기우는 듯한 느낌이 드는 자세에서 목소리를 내면 말소리가 잘 울린다. 배꼽 아래 3cm 정도에 있는 '단전'에 힘을 주도록 신경 쓰기 바란다.

호흡을 할 때는 복근을 사용한다. 일반적인 복식호흡 방식대로 먼저 뱃속의 공기를 모두 천천히 밖으로 내뱉는다는 느낌으로 심호흡을 한다. 그리고 단계적으로 내쉬는 세기와 속도를 점차 빨리 한다. 이것이 준비운동이다. '폐에서 내쉰 숨이 성대를 울리면서' 목소리를 내기 때문에 배가 쑥 들어가게 숨을 내쉬면 울림이 좋은 목소리가 나온다.

이런 연습을 매일 실시할 수 있으면 좋겠지만, 사실 귀찮다 보니 그러기가 쉽지 않다. 그런 경우에는 말할 때 다음 두 가지 사항을 유념하기 바란다.

30분 만에 목소리가 달라진다

① 말하기 전에 배에 힘을 주고 숨을 짧고 강하게 내쉰다.

② 말할 때는 문장에서 단어의 첫 글자('문장에서 단어의 첫 글자' 글자색 부분)에 힘을 줘서 발음한다.

이렇게 하면 말에 힘이 들어가고 발음이 정확해지며 리듬감이 좋아진다. 꼭 시험 삼아 해보기 바란다. 내 경우 처음 이 방법을 배운 뒤 30분 정도 실시하자 바로 목소리가 달라졌다.

 강한 목소리가 나오도록 연습하라

짧은 시간에 힘 있는 목소리로 만드는 방법

❶ 배에 힘을 주고 숨을 강하게 내쉰다

❷ 문장에서 단어의 첫 글자에 힘을 줘서 발음한다

20

헤어질 때는 '여운'을 남긴다

마지막까지 긴장을 늦추지 말라

업무상 사람을 처음 만나는 장면을 상상해보기 바란다. 상대방은 명함 교환을 시작으로 대화를 나눌 때까지 작은 배려와 공손함을 잃지 않았다. '괜찮은 사람이군.' 좋은 인상을 가지고 헤어지려는 타이밍. 그 사람은 엘리베이터까지 따라 나와서 친절히 배웅을 해주었다. 그런데 "그럼, 다음에도 잘 부탁드립니다."라는 인사와 함께 엘리베이터 문이 닫히는 순간 그의 뒷모습을 보고 말았다.

엘리베이터 문이 완전히 닫히기 직전 망설임 없이 몸을 돌려 발걸음을 떼는 모습이 눈에 들어온 것이다.

이런 경우 당신은 어떠한가? 사소한 일로 여겨지는가, 아니면 예

의에 어긋난 행동이라고 생각되는가? 이 경우 많은 사람이 유감스럽게 생각한다. 나는 개인적으로 그런 행동은 삼가는 편이 좋다고 생각한다.

배웅을 예로 들면, 엘리베이터 문이 완전히 닫힐 때까지 허리를 숙여 인사한다든지, 길거리에서는 상대방의 모습이 보이지 않을 때까지 뒷모습을 보며 서 있는 것이 좋다. 이처럼 '여운' 을 남기며 손님을 배웅하도록 하자. 그 행동에는 '공손한 마음' 이 담겨 있으므로 여러분의 인격을 높여줄 것이다.

지금 당장 시작하자 **헤어질 때도 공손하게 예의를 갖춰라**

CHAPTER 02

다시 만나고 싶은
사람이 되는 비결

---

❶ 인사는 반드시 먼저 한다.

❷ 사람들이 다가올 수 있도록 웃는 표정을 짓고 있어라.

❸ 시선, 제스처, 억양에 주의를 기울인다.

❹ 목소리 톤, 말하는 속도를 상황에 맞게 조절한다.

❺ 헤어질 때도 긴장을 늦추지 말고 공손하게 인사한다.

CHAPTER
03

협력을 이끌어내는
공감 대화법

일!! 이!! 삼!!

21

첫 만남에서 상대방의 마음을 여는
자이언스 법칙

커뮤니케이션을 눈에 띄게 바꿔놓는 '자이언스 법칙'

'자이언스 법칙'이라고 대인 커뮤니케이션에서 널리 알려진 법칙이
있다. 2장에서 소개한 방법으로 인사했는데도 상대방에게 확실한
인상을 심어주지 못한 경우, 이 법칙을 이해한 뒤에 행동으로 옮겨
보자. 인간관계를 다시 회복할 수 있다. 첫 만남에 도움이 되는 요소
들을 구체적으로 설명하도록 하겠다.

① 사람은 낯선 사람에게 공격적이고 냉담하다.
② 사람은 상대방의 인간적인 측면을 알았을 때 더 큰 호감을 갖는다.
③ 사람은 상대방을 만나면 만날수록 더 호감을 갖게 된다.

자이언스 법칙의 처음은 '상대방에게 호감을 갖는 것'에서부터 시작된다. 다른 사람이 나를 좋아하기를 바란다면 먼저 자신이 그 사람을 좋아해야 한다는 의미이다. 잘 생각해보면 사람은 보통 자신에게 호감을 보이는 사람이 하는 말이라면 주제에 상관없이 더 열심히 귀를 기울인다. 그리고 같은 충고를 듣더라도 자신에게 호의적인 사람에게 듣는 편이 훨씬 동기부여에 도움이 된다.

'그 사람에 대해 알고 싶다'는 마음이 호감으로 바뀐다

상대방이 첫눈에 반할 만큼 대단히 매력적인 사람이라면 모를까 보통은 처음 만나는 사람에게 적극적으로 호감을 표현하기 힘들다.

그럴 때는 호감을 가지고 있는 사람에게 자신이 어떻게 행동하는지 살펴보는 것이 도움이 된다. 아마도 관심이 많으면 많을수록 '조금 더 그 사람에 대해서 알고 싶다!'는 마음이 강하게 들 것이다.

'그 사람은 어떤 사람일까……'

'어떤 가치관이나 취향을 가지고 있으며 취미는 무엇일까?'

'어떤 이야기를 재미있어 할까?'

'지금 어떤 기분으로 내 이야기를 듣고 있는 걸까?'

'내가 말하는 것을 잘 이해했을까? 제대로 내 마음이 전해졌을까?'

이런 생각과 배려는 모두 곰곰이 생각해보면 상대방을 적극적으로 이해하려는 마음에서 비롯된 것이며, 일상적인 커뮤니케이션에서도 꼭 갖춰야 하는 마음가짐이다.

상대방이 자신에게 호감을 갖기를 원한다면 먼저 상대방에게 호감을 표현하고, 상대방이 이해해주기를 바란다면 먼저 상대방을 이해하려고 노력해야 한다. 이런 마음이 상대방에게 전해지면 꼭 보답받게 될 것이다.

 상대방에게 먼저 호감을 표현하라

커뮤니케이션에 활용할 수 있는 자이언스 법칙

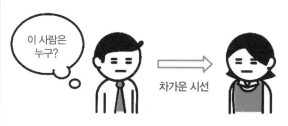

❶ 인간은 낯선 사람에게 냉담하다

❷ 상대방의 인간적인 측면을 알았을 때 더 큰 호감을 갖는다

❸ 만나면 만날수록 상대방에게 호감을 갖게 된다

22

내가 먼저 마음을 연다

단계적으로 자신에 대해 이야기하자

처음 만나서 몇 분 만에 상대방의 마음을 여는 데 가장 효과적인 방법은 먼저 자신의 마음을 여는 것이다. 즉, 대화하는 가운데 조금씩 자신에 대한 이야기를 함으로써 상대방에게 '나는 이런 사람입니다' 라고 알리는 것이다. 개인적인 이야기를 나누면서 서로의 공통점이나 공감할 수 있는 부분을 찾아보기 바란다. 예를 들면 내 경우는 다음과 같이 말한다.

"닛타 료라고 합니다. 간사이에서 태어나서 도쿄에서 자랐습니다."
"띠는 용띠이고, 생일로 보는 동물점의 동물 캐릭터는 페가수스예요. 양쪽

다 공상 속의 동물이라 그런지 종잡을 수 없는 사람이라는 말을 종종 듣습니다.(웃음)"

그리고 자신의 약점이나 실수를 솔직히 털어놓는 것도 좋은 방법이다.

"오늘 그룹 활동할 때 긴장돼서 혼났어. 구직활동을 시작한 지 얼마 안 돼서 많이 떨리더라고."
"이곳에 아는 사람이 없어서 혼자 있으려니 주눅이 드네요."

당신이 마음을 여는 시점에서 상대방은 '저 사람은 자신의 사적인 이야기를 털어놓을 만큼 나에게 마음을 열었구나.' '나를 이렇게까지 신뢰하는구나.' 라고 생각하게 된다. 그리고 대화하는 중에 의외의 공통점을 발견하게 되면 그것을 계기로 대화가 더욱 깊어지면서 결과적으로 친근감이 더 커진다.
이 방법은 당신이 대하기 어렵다고 생각했던 사람에게 더욱 효과가 있다.

그 사람에 대해 잘 모르면 대하기 부담스럽다

어떤 사람을 대하기 어렵다고 느끼는 근본적인 원인은 대체로 그 사람에 대해서 잘 모르기 때문이다. 동물은 낯선 것에 공포를 느끼는 법이다(앞이 보이지 않고, 상황을 판단하기 어려운 어둠 속에 있으면 두려운 것과 마찬가지이다). 반대로 그 사람에 대해 잘 알게 되면 의외로 귀여운 면 같은 것을 발견하고 친근감을 느끼는 경우가 많이 있다. '저 사람, 항상 화난 사람처럼 찌푸린 얼굴로 다니더니 웃으니까 제법 귀엽네.' 이처럼 상대방을 알면 알수록 대하기가 수월해진다.

처음 만난 자리에 적합한 주제와 피해야 할 주제

상대방과 가치관이나 환경 등이 지나치게 차이가 나면 거부감을 줄 수도 있으므로 자신의 모든 것을 털어놓을 필요는 없다. 상대방에게 마음의 문을 열고 다가가려 할 때 대화 주제로 삼아도 좋은 것과 적합하지 못한 것을 나름대로 정리해보았다. 오른쪽 페이지를 참조하기 바란다. '레벨'의 수치가 클수록 처음 만난 자리에서 대화 소재로 삼지 않는 것이 좋다. 처음에는 상대방의 반응을 확인하면서 '레벨 2'까지 화제로 삼아 대화를 즐겨보기 바란다.

 상대방에게 '나는 이런 사람이다'라고 확실히 알려라

처음 만난 사람과 나누는 대화는 레벨2까지만

Level 1

연령(세대), 별자리, 혈액형, 출신지, 업계(업종),
사무실에 관한 것, 취미, 소지품, 최근 웃음을 줄 만한
가벼운 실수, 자각하고 있는 외모나 성격

화제 난이도 0~25%

Level 2

현 주소지, 자녀(육아), 특이한 습관, 수험이나
구직 성공담, 이직, 결혼생활, 업무상 실수(1년에
몇 번 하는 가벼운 실수), 연애담(연인이 생겼다,
연인에 대한 자랑 등)

화제 난이도 25~50%

Level 3

월급이나 금전, 업무 불만, 수험이나 구직 실패담,
치명적인 실수(평생 한 번 정도 하는 실수)

화제 난이도 50~75%

Level 4

범죄, 배신, 이혼, 경제파탄, 회사 내 인사,
내부 비밀 프로젝트, 깊은 남녀관계, 욕설,
죽음에 관련된 주제

화제 난이도 75~100%

23

그 자리에서 다음 약속을 잡는다

'다시' 또는 '언젠가' 는 절대로 오지 않는다

처음 만나서 대화를 나누는 중에 이 사람과 계속 관계를 유지하고 싶어졌다면 그 자리에서 다시 만날 기회를 만들어라. 만남의 횟수가 늘수록 그만큼 친근감도 생기고 서로 가까워진다. 먼저 '만남' 을 가질 것, 그리고 '많은 이야기를 나누는 것' 이 중요하다.

예를 들어 무언가를 약속하는 것은 다시 만날 기회를 가질 수 있는 좋은 방법이다. 그런데 안타깝게도 모처럼의 기회를 제대로 활용하지 못하는 경우를 자주 목격하게 된다.

× "그럼, 가까운 시일 내 다시 봅시다."

"언젠가 같이 한잔 하시죠."

이와 같은 '애매한 약속' 이 동서고금을 막론하고 실현되는 것을 본 적이 없기 때문에, 나는 항상 '다시' 또는 '언젠가' 는 절대로 오지 않는다고 말한다. 어떤 계기든 상관없다. 그 자리에서 무언가 '숙제' 가 될 만한 것을 만들어서 다음에 만날 약속을 잡아라.

○ "다음 주에 근처 사무실에 들를 일이 있는데, 괜찮으시면 점심 같이 하시
  겠어요?"
  "그 책 빌려드릴게요. 외근 나오는 길에 가져다 드리죠."

이렇게 말하면서 그 자리에서 수첩을 꺼내 스케줄을 확인하고 "△월 △일 △시쯤 어떠신가요?" 라고 구체적으로 다음 약속을 정하는 것이다. 그 자리에서 바로 결정하면 시간과 수고를 덜 수 있다.

 다음 약속은 그 자리에서 바로 잡아라

24

대화를 이어가는
가장 좋은 대화법

상대방의 '말하고 싶어 하는 욕구'를 이해하라

보통 '듣는 행동'을 수동적인 행동으로 이해하는 사람이 많은데 결코 그렇지 않다. 오히려 '들으러 간다'라는 적극적인 마음가짐 없이는 불가능한 능동적인 행동이다. 듣는다는 것은 고개를 끄덕이고, 맞장구를 치기도 하면서 손짓이나 몸짓으로 '당신의 이야기를 진지하게 듣고 있다'는 뜻을 온몸으로 전달하는 행동이다.

'듣다'라는 단어를 나타내는 한자 중에 聽(청) 자가 있는데, 이는 '말과 음악에 주의 깊게 귀를 기울이는 능동적인 행동'을 뜻한다. 聽이란 한자의 조합을 면밀히 살펴보면 '열 개(十)의 눈(目)으로 보는 것처럼 상대방 마음(心)의 소리에 귀(耳)를 기울이는 행동'으로 해석

할 수 있다. 우리는 과연 그 정도로 진지하게 상대방의 말을 '듣고' 있는가?

기분 좋게 말하게 하라!

혹시 상대방이 말하는 동안 듣는 척하면서 머릿속으로는 '다음에 무슨 말을 해야 하나.' '어떻게 이야기 중간에 끼어들지?' 와 같은 생각을 하는 경우가 없는가? 그런 고민을 하는 마음을 이해 못하는 바는 아니다. 하지만 입장을 바꿔서 자신의 이야기를 상대방이 그와 같이 흘려듣는다면 기분이 어떻겠는가? 억지로 대화를 이어가려 하기보다 상대방의 '말하고 싶어 하는 마음'을 헤아려서 진지하게 '경청' 하는 편이 훨씬 중요하다. 노래방에서 자신이 즐겨 부르는 노래를 기억해 두었다가 묻지 않고 선곡해주는 사람이 있으면 당연히 눈에 띌 것이다. 그와 마찬가지로 상대방은 당신이 이야기를 집중하여 '듣고' 있는지 아니면 건성으로 듣고 있는지 예민하게 감지하여 당신에 대한 인상을 결정할 수도 있다. 다른 사람의 이야기를 경청하는 태도는 그 사람의 인상을 결정짓는 데 중요한 역할을 한다.

지금 당장 시작하자 **다른 사람의 이야기를 온몸으로 집중하여 들어라**

25

맞장구만 잘쳐도
이렇게 달라진다

알아두면 좋은 3가지 '맞장구' 원칙

대화할 때 맞장구의 효과는 매우 크다. 하지만 의식적으로 맞장구를 쳐주는 사람은 그리 많지 않기 때문에 작은 배려로 다른 사람들보다 유리한 위치에 오를 수 있다. 상대방의 이야기를 들을 때 묵묵히 듣기만 하지 말고 다음 사항을 유념하면서 실천해보기 바란다.

① 맞장구에 변화를 준다

상담사처럼 '듣는' 일을 직업으로 삼고 있는 사람들은 상황에 맞게 다양한 종류의 맞장구를 구분하여 사용하고, 진심 어린 마음으로 맞장구칠 수 있도록 훈련을 받는다.

"네" "저런" "그렇군요" "음" "과연" "그래요" "어머나" "이런" "흠" "오"
"호오" "흠" "흐음"

이런 표현으로 당신이 하는 말을 열심히 듣고 있다, 당신의 말에
공감한다는 뜻을 충분히 전달할 수 있다.

② 맞장구로 상대방의 이야기에 흥미와 관심을 표시한다

"네!" "그런가요?" "놀랍네요!" "굉장하네요." "뭐라고요!?" "정말 그런 일
이 있군요!" "몰랐어요!" "정말요!?"

이와 같이 적극적인 반응을 보이면 말하는 사람은 '관심을 갖고
내 이야기를 열심히 듣고 있구나' 라는 안도감에 의욕이 생기게 된
다. 맞장구는 대화를 더욱 활기차게 만드는 힘이 있다.

③ 맞장구로 상대방이 계속 이야기하도록 유도한다

"그러고는요?" "그래서 어떻게 되었나요?" "어떻게 됐는지 다음 얘기를
들려주세요!"

이와 같이 상대방이 더 얘기하기를 원한다는 반응을 보여주면 상
대방은 한껏 들떠서 더 많은 이야기를 들려주고 싶어 한다. 그리고
적극적인 관심을 보이며 이야기에 귀 기울여주는 사람에게 친근감
을 느낀다.

특히 '나에게는 별로 이야깃거리가 없다'거나 '나는 말하는 것이 서투르다'라고 생각하는 사람에게 신경 써서 적극적으로 맞장구를 쳐주는 것이 좋다. 보통 전체를 10으로 봤을 때, 자신이 말하는 부분은 맞장구를 포함해서 20~30퍼센트 정도면 충분하다. 나머지는 상대방의 말을 경청하는 것이 균형 있는 대화이다. 내가 말을 많이 하기보다 상대방이 말을 많이 하게 해야 한다는 점을 잊지 말고, 한번 시도해보기 바란다.

 다양한 종류의 맞장구를 익혀라

알아두면 좋은 3가지 '맞장구' 원칙

응응.

변형
- 네, 네
- 과연
- 흠흠
- 그렇군

❶ 맞장구에 변화를 준다

대단하군요!

변형
- 네에!
- 그런가요!?
- 몰랐어요!

❷ 상대방의 말에 관심을 나타낸다

그래서요?

변형
- 어떻게 된 건가요?
- 다음 얘기를 들려주세요!

❸ 상대방의 말을 유도한다

26

효과적으로 고개를 끄덕이는 방법

고개를 끄덕이는 행동에는 두 가지 의미가 있다

고개를 끄덕이는 행동은 이야기를 듣는 사람이 말하는 이에게 메시지를 전달할 수 있는 유용한 방법이다. 이야기 내용에 따라서 다음과 같이 구분하여 고개를 끄덕이면 대화에 도움이 된다.

① 고개를 빠르고 가볍게 끄덕인다

'더 많은 이야기를 해주기 바란다.'

'지금까지 한 이야기는 충분히 이해했다. 계속 이야기를 해라.'

이러한 의미를 내포하고 있으며, 상대방이 계속 이야기를 이어가도록 유도하는 효과가 있다.

② 고개를 천천히 깊숙이 끄덕인다

'잘 이해했다.'

'말하는 바가 무엇인지 충분히 전달되었다.'

이런 의미를 내포하고 있으며, 상대방의 의견이나 기분에 공감한다는 것을 나타낸다.

사소한 것으로 여겨질 수도 있으나, 말하는 사람은 상대방이 '자신의 이야기에 귀를 기울이고 있다'는 사실을 확인하는 순간 안도하게 된다. 실제로 경험해보면 확실하게 알 수 있다. 예를 들어 '2인 1조가 되어, 듣는 사람이 반응에 변화를 주면서 대화를 나누는 실험'을 해보면 쉽게 알 수 있다. 처음에는 듣는 사람이 아무런 반응 없이 묵묵히 듣기만 한다. 말하는 사람과 눈도 마주치지 않고, 고개를 끄덕이거나 맞장구도 치지 않는 상태에서 이야기를 듣게 한다.

나도 이 실험을 해본 적이 있는데, 아무런 반응이 없는 상태에서 이야기하는 것은 정말이지 힘들다. 눈앞에 상대방이 있어도 호응이 없다 보니 불안해져서 차라리 혼잣말을 하는 편이 낫겠다는 생각이 들 정도였다.

그다음에는 상대방의 눈을 보면서 적절하게 고개를 끄덕이기도 하고 맞장구를 치며 이야기를 듣도록 했다. 실제로 해보면 알겠지만 첫 번째와 결과가 확연히 달랐다. 두 번째 실험에서는 상대방이 '내 이야기를 수용해주고 있다' 는 안도감에 편하게 이야기할 수 있었다. 같이 실험한 사람들은 하나같이 입을 모아 '이야기를 들을 때 상대방에게 반응을 보여주는 것이 얼마나 중요한지 절실히 깨달았다!' 라고 말했다.

'눈을 본다.' '고개를 끄덕인다.' '맞장구를 친다.' 모두 기본적인 내용이지만 당신의 인상을 결정하는 데 큰 영향을 미치는 것들이다. 당연한 것을 그냥 지나쳐버리지 말고 꾸준히 성실하게 실천하여 신뢰감을 쌓는 것이 마음을 전달하는 커뮤니케이션의 첫걸음이다.

 두 종류의 끄덕임을 상황에 맞게 구분하여 사용하라

상황에 맞게 고개를 끄덕이자

❶ 고개를 빠르고 가볍게 끄덕인다.

'더 많은 이야기를 해주기 바란다.' 라는 의미

❷ 고개를 천천히 깊숙이 끄덕인다.

'잘 이해했다.' 라는 의미

27

말하는 사람이 고무될 정도로 적극적인 반응을 보여라

전문 강사도 청중의 반응에 민감하다

듣는 사람의 반응에 따라 말하는 사람이 달라지는 경우가 있다.

예를 들어 수많은 사람들 앞에서 이야기해야 한다고 가정해보자. 대부분 그런 상황을 무척 어색하고 불편하게 생각한다. 그렇게 생각하는 이유를 물어보았더니 '듣는 이들이 별로 반응을 보이지 않거나, 이야기에 귀를 기울이지 않는다는 것을 느꼈을 때 또는 흥미나 관심을 보이지 않을 때 불안해지기 때문'이라는 사람들이 많았다. 이것은 말하는 것을 직업으로 삼고 있는 전문 강사들도 마찬가지이다. 청중들 가운데 가끔 '그래 어디 한 번 말해봐. 들어줄 테니'라는 분위기를 풍기며 팔짱을 끼고 거만하게 몸을 뒤로 젖힌 채 앉아 있

는 사람이 있다. 그러면 강사 입장에서는 말하기가 매우 어렵다.

한편 듣는 내용을 메모하거나 눈을 맞추려 애쓰며 고개를 끄덕이기도 하고 중요한 부분에서는 '아–' '오–' 하고 반응을 보여주는 사람들도 있다. 강사는 청중이 많아도 이런 반응을 금방 감지하며 그럴 때면 더욱 열심히 하고자 애쓰게 된다.

보통 듣는 이의 반응이 좋으면 강사들은 '이렇게 청중의 관심이 뜨거운데 이것도 저것도 더 이야기하자' 라는 의욕에 넘쳐 더욱 열정적으로 강연하게 된다. 그러므로 무언가를 배우기 위한 스터디 모임이나 강연회에 참가할 때는 강연자의 말에 적절한 반응을 보여주는 것이 좋다. 이것은 일대일 대화에서도 마찬가지이다.

그리고 세미나와 강연회 등에 참가했을 때는 맨 첫줄에 앉아 되도록이면 질문과 발언을 가장 먼저 하는 것이 유익하다.

어떤 경우에든 적극적인 태도로 경청하는 청중은 강사에게 '응원단' 과 같아서 용기와 힘을 준다. 많은 사람들 속에서 열심히 강연에 귀 기울이는 모습은 강사의 기억에 남을 것이며, 쉬는 시간처럼 여유 있을 때 개인적으로 사적인 대화를 나눌 수 있는 기회가 생길 수도 있다.

지금 당장 시작하자 **말하는 사람이 고무될 정도로 적극적인 반응을 보여라**

28

감정을 표현하는
다양한 어휘를 사용한다

단어 저장 공간을 늘리자

상대방의 발언에 대한 자신의 감상을 자기 나름의 어휘로 표현할 수 있으면 '상대방의 이야기를 성실히 듣고 이해했다'는 느낌이 훨씬 강하게 전달된다. 감정을 표현하는 어휘를 풍부하게 사용하면 어떤 상황에도 대응할 수 있다. 그러면 감정의 종류에 따라 몇 가지 예를 들어보겠다.

기쁨, 기대

예 …… 기쁘다, 두근거린다, 만족스럽다, 상쾌하다, 자랑스럽다, 생기 넘치다, 기분 좋다, 크게 감격하다, 가슴이 터질 것 같다

슬픔, 실망

예 …… 실망하다, 지긋지긋하다, 무기력하다, 비참하다, 한심하다, 상처 입다, 외롭다, 괴롭다, 곤혹스럽다, 원망스럽다, 후회하다

분노

예 …… 안절부절못하다, 화나다, 밉살스럽다, 씁쓸하다, 불쾌하다, 답답하다, 참을 수 없다, 원망스럽다, 마음에 들지 않다

불안, 초조

예 …… 심란하다, 불안하다, 혼란스럽다, 애가 탄다, 마음이 다른 곳에 가 있다, 공황상태, 미덥지 못하다

사용 방법은 다음과 같다.

상대방 "자네 덕분에 프레젠테이션을 무사히 마쳤어. 고마워!"

당 신 "앞으로가 정말 기대돼. 나까지도 두근거리는걸."

상대방 "A부장한테 또 한소리 들었어."

당 신 "힘들었겠군. 마음에 안 들겠지만, 항상 하는 소리니 마음에 두지 말게."

이와 같이 상대방의 감정을 대변할 수 있는 적절한 단어를 선택한 뒤 거기에 자신의 감상을 더해서 의견을 말하자. 상대방은 자신의 기분을 이해해준 데 감동하여 마음을 열 것이며, 두 사람 사이에 친밀감이 한층 강해진다. 이것은 공과 사에 관계없이 모두 해당되기 때문에 꼭 지금 당장 실천해보기 바란다.

 지금 당장 시작하자 **어휘를 풍부하게 사용하여 감정을 표현하라**

기분을 표현하는 어휘를 늘리자

- 기쁘다
- 두근거리다
- 생기 넘치다
- 기분 좋다
- 감사하다
- 가슴이 터질 것 같다

기쁨 · 기대

- 실망하다
- 지긋지긋하다
- 무기력하다
- 비참하다
- 후회하다
- 곤혹스럽다

슬픔 · 실망

- 안절부절못하다
- 화나다
- 밉살스럽다
- 불쾌하다
- 마음에 들지 않다
- 씁쓸하다

분노

- 심란하다
- 불안하다
- 혼란스럽다
- 애가 타다
- 공황상태
- 마음이 다른 곳에 가 있다

불안 · 초조

29

메일이나 인사장은 스피드가 생명!

메일 보낼 때 주의할 점 3가지

처음 인사를 나누고 새롭게 관계를 맺기 시작할 때 가장 먼저 하는 것이 상대방에게 '인사 메일'이나 '답례 편지'를 보내는 일이다. 이미 나름대로 효과적인 방법을 찾아서 실천하고 있는 사람도 있을 것이다. 유능한 영업사원들이 일반적으로 실시하는 방법과 내가 받은 인사 카드 가운데 인상에 남는 것들을 정리하면 다음과 같이 요약할 수 있다.

① 24시간 안에 발송한다
② 내용은 직접 작성한다

③ 다음 행동으로 연결되도록 한다

먼저 ①부터 살펴보자. 스피드는 비즈니스 성공에 직결되는 문제이므로 신속함은 당연히 중요하다. 상대방에게 메일이나 감사 카드를 신속하게 보냄으로써, 다음과 같은 인상을 말이 아닌 행동으로 전달할 수 있다.

- 예의가 바르다.
- 배려할 줄 안다.
- 업무 처리가 빠르다.

타이밍은 빠를수록 좋지만, 일반적으로 '24시간 이내'에 인사 메일이나 감사 카드를 보내는 것이 국제 매너이다. 꼭 그런 것이 아니더라도 사람은 자고 나면 전날 일을 대부분 잊어버리기 때문에 기억에서 사라지기 전에 다시 한 번 상기시킨다는 의미에서 바로 메일을 보내는 것이 효과적이다.

두 번째, 내용을 직접 작성하는 것에 대해 살펴보자.
'지난번에는 여러모로 신경 써 주서서 진심으로 감사드립니다.

앞으로도 잘 부탁드립니다.'

우선 이런 식의 전형적인 인사말은 피하기 바란다. 그런 내용은 보내나 마나 한 것으로 별로 보탬이 되지 않는다. 상대방과 새로운 관계를 시작하는 중요한 시점인 만큼 메일 한 통이라도 신경 써서 적어야 한다.

- 대화할 때 강하게 인상에 남은 것
- 대화하며 배운 것 · 새롭게 깨달은 것
- 대화에서 연상 · 발전된 주제
- 만남 이후 상대방의 블로그나 언론매체에 실린 발언에 대한 감상
- 그 자리에서 끝맺지 못한 이야기에 대한 추가 정보

메일 내용 중에 적어도 이런 소재 중 하나를 언급하면 상대방은 자신에게 관심을 보여준 데 대해 순수한 기쁨을 느낄 것이며, 그것을 계기로 더 깊이 있는 대화를 나눌 수 있을 것이다. 그러므로 첫 만남에서는 다음 만남을 염두에 두고 커뮤니케이션을 진행해야 한다. 굳이 시간을 내서 잘 모르는 사람을 두 번씩이나 만나려는 사람은 없기 때문에 처음 만났을 때 '다음 만남을 기약하는 데 도움이 되는 정보'를 수집할 필요가 있다.

세 번째, '다음 행동으로 연결되도록 한다'는 앞에서 몇 번이나 이야기한 내용이다. 처음 만난 자리에서 다음 약속('근처에 갈 일이 있는데 점심식사라도 같이 하시죠.'라든가 '이벤트에 초대하겠습니다.'와 같은 것)을 정하고 그에 대한 구체적인 계획을 세우는 것이 좋다.

 상대방과 헤어진 다음 즉시 감사 메일을 보내라

30

반드시 답신 메일을
받을 수 있는 노하우

● ● ● ● **한 가지만 염두에 두면 이렇게 달라진다!**

앞에서 소개한 법칙만 성실히 실천하여도 상대방에게 충분히 좋은
인상을 심어줄 수 있다. 하지만 조금 더 견고히 하는 의미에서 메일
을 보내는 시기와 내용, 더불어 다음과 같은 사항을 주의하면 '기억
에 남는' 정도가 아니라 더 강한 인상을 남길 수도 있다.

앞에서 메일이나 답례 편지를 보낼 때는 신속하게 보내라는 말을
했다. 상대방이 먼저 행동을 취하기를 기다리지 말고 이쪽에서 적극
적으로 먼저 보내는 것이 좋다. 가장 강한 인상을 남길 수 있는 시기
는 상대방이 미팅이 끝난 뒤 집이나 회사로 돌아가서 메일함을 열었
을 때 당신의 메일이 도착해 있는 것이다. 사람에 따라서 받아들이

는 방식은 다소 다를 수 있지만, 적어도 '업무 처리가 빠르다' 라는 강한 인상을 줄 수 있다.

'메일 보내겠습니다!' 라고 말하는 사람치고 메일 보내는 사람 없다

꼭 그렇게까지 하지는 못하더라도 '먼저 메일을 보내는' 것은 중요하다. 파티나 교류모임 등에서 명함을 교환하고 '메일 보내겠습니다!' 라고 말하는 사람은 많지만, 정작 그 가운데 실제로 다음날까지 메일을 보내는 사람은 그렇게 많지 않다. 그러므로 이런 약속만 제대로 지켜도 인상이 달라질 것이다. 어쨌든 분명하게 말할 수 있는 것은 '내가 메일을 보내기 전에 상대방에게 먼저 메일을 받으면 호감도가 상승한다.' 는 사실이다. 굳이 메일 내용까지 보지 않더라도 그 행위 자체가 다음의 메시지를 내포하고 있으니 당연히 그렇지 않겠는가.

'당신을 진심으로 배려하고 있다.'

'당신에게 관심이 있다.'

작은 노력으로 큰 효과를 얻을 수 있으니 꼭 실천해보기 바란다.

메일 내용으로는 무엇이 좋을까? 만났을 때 나눈 대화 내용을 언급하는 것도 좋지만, 그 이상으로 상대방에게 강한 인상을 남길 수 있는 방법이 있다. 자신이 상대방에게 도움을 줄 수 있는 부분에 대해서 적는 것이다.

참고로 '귀사로 이직하겠습니다!' 라든가 '당신을 위해 무슨 일이든 봉사하겠습니다!' 같은 말을 하라는 의미가 아니다. 자신의 입장에서 부담이 되지 않는 범위 안에서 상대방에게 기쁨을 줄 수 있는 정도의 것을 의미한다.

상대방이 블로그나 트위터를 하고 있다면, "블로그에 가서 읽어 보겠습니다." "트위터에 팔로잉하겠습니다." 라고 하면 좋겠다.

상대방이 조찬모임이나 스터디모임, 교류모임 등을 주최하면 "참가하겠습니다." 라고 대응한다.

상대방의 비즈니스에 도움이 될 만한 내용도 좋다. "○○씨를 소개해 드리겠습니다." "이런 새로운 소식이 있습니다."

이와 같은 식으로 너무 티 나지 않게 도움을 주는 것이다. 일반적으로 처음 만나서 여기까지 배려를 해주는 사람은 거의 없기 때문에 틀림없이 상대방에게 강한 인상을 남길 수 있으며, 상대방의 '인맥'으로 인정받을 수 있을 것이다.

만약 도움 될 만한 것을 찾기 어렵다면 "무언가 도움이 될 수 있는 일이 있으면 부담 갖지 마시고 연락주세요." 라는 메시지를 보내는 것도 좋

은 방법이다. 내 경우 상대방에게 이런 메일을 받았을 때 그 사람의 배려하는 마음이 느껴져서 무척 기뻤다. 이 한마디를 듣고 실제로 내가 연락을 취해 인연을 맺은 적도 있다. 이런 의사표현뿐만 아니라 우선 상대방의 입장이 되어 '나라면 어떻게 해주는 것이 기쁜가?'에 대해 항상 고민하면서 대화를 나누기 바란다.

 메일 내용에 '자신이 할 수 있는 일'을 적어 보내라

요 약

CHAPTER 03

협력을 이끌어내는
공감 대화법

❶ '자이언스 법칙'을 활용한다.

❷ 맞장구에 변화를 준다.

❸ 말하는 사람이 고무될 정도로 적극적인 반응을 보인다.

❹ 감정을 표현하는 어휘를 늘린다.

❺ 사람과 헤어진 다음 즉시 감사 메일을 보낸다.

CHAPTER 04

대화에
활기를 불어넣는
질문의 기술

31

상대방과 나의 공통점을 찾는다

우수 영업사원들은 공통점을 잘 찾는다

업계나 연령, 성별은 달라도 소위 '우수 영업사원'으로 불리는 사람들에게는 공통되는 부분이 있는데, 그것은 '공통점을 발견하는 능력이 뛰어나다'는 것이다.

누구나 사람을 처음 만나는 자리에서는 어느 정도 긴장하게 돼 있다. 하지만 앞에 있는 사람과 무언가 공통점이 있으면 긴장이 풀리면서 급격히 친근감이 생기고 신기하게도 마음을 터놓게 된다. 말하자면 이것이 마음의 문을 조금씩 여는 느낌이 아닐까 싶다. 유능한 영업사원은 이런 점을 효과적으로 활용할 줄 안다.

흔히 공통점이라 하면 나이를 비롯해 혈액형, 태어난 달, 별자리,

자녀에 대한 사항, 출신지, 출신학교, 업계나 회사의 관계, 공통으로 알고 있는 사람, 애용하는 브랜드, 자주 가는 지역 등을 떠올리게 된다. 그런데 간혹 공통점을 찾는 원래 목적이 공통된 관심사를 찾아 대화에 활기를 주는 것이란 사실을 잊고, 공통점을 찾기 위해 대화를 하는 본말이 전도되는 사태가 벌어지기도 한다. 무리해서 공통점을 찾으려 하면 그 압박감에 대화가 어색해지고 만다.

눈으로 봐서 알 수 있는 것을 이야깃거리로 삼자

공통점을 찾는 것을 너무 어렵게 생각할 필요가 없다. 다음과 같이 눈으로 봐서 바로 알 수 있는 것을 이야기하면 된다.

"안경이 멋지군요. 딱 제가 찾던 디자인인데, 어디서 구입할 수 있나요?"
"이렇게 무더운 날 넥타이를 매야 한다는 게 정말 힘들죠?"
"역시 아이폰은 편리하군요."

정말 소소한 공통점이지만 이것만으로도 두 사람 사이에 '보이지 않는 다리'가 형성되고, 그다음 대화가 원활하게 진행되도록 도와주는 밑거름이 된다.

그런 공통점을 발견하지 못한 경우에는 상대방과의 '공감'을 이용하도록 하자. 구체적으로 말하면 당신과 상대방이 똑같이 느끼고 있을 만한 것을 이야기함으로써 서로 감정을 공유하고 심리적인 벽을 허물어뜨리는 것이다.

예를 들어 추운 겨울날 약속장소로 잡은 곳이 따뜻한 건물 안이라면 다음과 같이 한마디 건네면 좋다.

"추운 날 따뜻한 가게에 들어오니 마음까지 안정이 되는군요."

그러면 상대방과의 사이에 공감대와 친근감이 생성되어 그 뒤 대화가 즐거워진다.

 눈에 보이는 것 중에서 공통점을 찾는다

대화에 활력을 불어넣어 줄 '공통점'을 찾는 방법

32

상대방이 물어봐 주기를
바라는 것을 질문한다

질문 잘하는 법

대화할 때 상대방에 대한 배려를 보여줄 수 있는 방법이 있다. 상대
방이 물어봐 주기를 바라는 것이 무엇인지 감지하여 그것을 콕 집어
질문하는 것이다.

보통 사람의 반응

A "지난 연휴는 어떻게 보내셨나요?"

B "금요일 저녁에 오키나와로 가서 그곳에서 보냈어요. 정말 즐거웠어요!"

질문을 잘하는 사람의 반응

A "지난 연휴는 어떻게 보내셨나요?"
B "여행 갔다 왔어요. A씨는요?"

전자의 B와 후자의 B가 무엇이 다른지 알겠는가? 후자의 B는 '아, A가 연휴 이야기를 화제로 꺼낸 것은 자신의 경험을 이야기하고 싶어서구나.' 라는 사실을 예리하게 감지하였다. 그래서 자신의 이야기는 대충 마무리 짓고 A가 이야기할 수 있는 기회를 만들어 주었다.

우리가 조금만 주의 깊게 살펴보면 '내 이야기를 들어줘!' 라는 느낌을 강하게 발산하는 질문을 만날 수 있다. 안타깝게도 우리가 그렇게까지 상대방의 기분에 민감하지 못한 탓에 그 메시지를 그냥 흘려보내는 경우가 많다. 다음의 예를 보자.

"여보, 들었어? 옆집 ○○네는 또 하와이에 갔대."
"고등학교 때 동아리 활동을 하셨나요?"
"인생의 길잡이가 되는 책은 무엇인가요?"

짐작한 대로 이런 질문에는 다음과 같은 의도가 숨어 있다.
첫 번째 질문은 '○○네가 하와이에 간 사실을 알고 있는지' 를 묻

는 것이 아니다. 그 질문에는 '나도 하와이에 데려가 달라' 는 강한
바람이 담겨 있다.

　두 번째 질문 역시 상대방의 고등학교 동아리 활동에 대해 알고
싶어 하는 말이 아니라, '자신의 고등학교 시절 동아리 활동에 대해
서 이야기하고 싶다' 라는 마음이 담겨 있다.

　세 번째 질문은 상대방이 인생의 길잡이가 되는 책으로 삼고 있는
책이 무엇인지 알고 싶은 것이 아니라, '자신이 애독하는 책에 대해
서 이야기하고 싶다' 라는 마음이 담겨 있다.

　이와 같이 상대방의 '의도' 와 '마음' 을 민감하게 감지하여, 상대
방이 대화의 '주인공' 이 되도록 분위기를 이끌면 대화는 자연스럽게
무르익는다. 작은 차이처럼 보이지만 효과에 있어서는 큰 차이를 만
드는 방법이니, 부디 오늘 당장 대화를 나눌 때 실천해보기 바란다.

 상대방이 말하고 싶어 하는 것을 질문하라

'질문하는 것 = 말하고 싶은 것'이라 생각하자

33

질문할 때는 '반 열린 질문'을 한다

대화의 실마리를 찾는다

상대방에게 질문할 때는 막연하지 않으면서, "네"나 "아니요"로 대답할 수 없는 '반 열린 질문'을 하는 것이 좋다. 참고로 '닫힌 질문 (closed question)'과 '열린 질문(open question)'은 각각 다음과 같다.

닫힌 질문 "일이 많이 힘든가요?"(네 혹은 아니요로 대답해야 하는 질문)

열린 질문 "일하는 건 어때요?"(상대방이 자유롭게 대답할 수 있는 질문)

두 질문 모두 처음 만난 자리에서 흔히 주고받을 법한 질문이다. 단지 이대로 질문을 한다면 전자의 경우는 "네"나 "아니요"로 대답

이 끝나버릴 가능성이 높고, 대화 역시 계속 이어지기 어렵다. 후자의 경우는 자유롭게 대답을 할 수는 있으나, 질문이 너무 막연해서 어떻게 대답을 해야 좋을지 몰라 당황하게 된다. 처음 만난 자리에서는 질문의 범위를 적당히 좁혀서 닫힌 질문과 열린 질문의 중간 정도가 되게 질문하는 것이 좋다.

반 열린 질문 "지금 하는 일에서 즐거운 점은 무엇인가요?"

"자격증 공부를 하면서 힘든 점은 어떤 건가요?"

"이 시기에는 특히 어떤 일로 바쁘신가요?"

이와 같이 물으면 상대방은 한결 쉽게 질문에 어울리는 대답을 구체적으로 떠올릴 수 있다. 그러면서 자신에 대해 생각할 것이고, 거기에서부터 대화가 점점 깊어지게 된다.

 구체적으로 대답하기 쉬운 것을 질문해라

34

재미있는 에피소드를
떠올리게 하는 질문

질문은 '구체적'이어야 한다

처음 만난 자리에서는 깊이 있는 대화를 나눌 기회가 그리 많지 않다. 그런데 혹시 대화할 때 '이야기가 무척 흥미진진해서 더 알고 싶은데, 표현이 추상적이라 이해가 잘 가지 않는다.'라고 생각한 적이 없는가?

그런 경우 상대방에게 어떻게 질문하느냐에 따라서 한결 이해하기 쉬운 대답을 들을 수 있고, 더불어 흔쾌하게 상대방의 대답을 들을 수 있는 방법이 있어 소개하려 한다.

이 방법은 채용 면접관이 즐겨 사용하는 '행동 분석 인터뷰'라는 것이다. 면접을 보는 상황을 가정하여 설명해보겠다.

먼저 '일반적인 질문' 의 예를 보도록 하자.

"당신의 강점은 무엇인가요?"

"장래 희망이 무엇인가요?"

"지금까지 일하면서 고객 응대에서 중요하게 생각한 것은 무엇인가요?"

이 질문들은 모두 응시자의 '사고' 나 '감정' 에 관해 묻는 것이다. 중요한 정보이기는 하나, 응시자의 주관이 개입되기 쉽고 아무래도 추상적으로 대답할 가능성이 높다.

이번에는 '구체적인 질문' 의 예를 살펴보도록 하자.

"당신의 강점이 발휘된 상황과, 그때 구체적으로 당신이 어떤 행동을 했으며, 어떤 결과를 가져왔는지 자세히 말해보세요."

"현재 직장에서 당신의 역할은 무엇인가요? 그곳에서 경험한 성공 체험에 관하여 구체적인 에피소드를 들려주세요."

따져 묻는 어조가 되지 않도록 주의한다

이와 같이 면접에서는 과거에 실제로 있었던 '사실' 에 관해서 질문을 한다. 상대방의 이야기가 추상적이어서 이해하기 어려울 때 이 방법을 응용해보기 바란다.

"과연 그렇군요. 구체적으로 거기에서 어떤 일이 있었던 건가요?"

"그러면 그로 인해서 결국 어떻게 된 건가요?"

"대단하군요! 그것이 실현될 수 있었던 포인트는 무엇인가요?"

이와 같이 구체적인 사항에 초점을 맞춰 질문하면, 상대방은 구체적이고 이해하기 쉽게 대답하기 위해서 한 번 더 고민을 하게 된다. 그리고 명확한 대답을 위해 실제로 있었던 에피소드를 들려주기도 한다.

구체적인 질문은 영업이나 접대하는 자리에서 상대방의 요구사항이 무엇인지 정확히 파악해야 할 때도 사용된다. 적절한 질문을 통해 유도하면 기다렸다는 듯이 흔쾌히 여러 가지 이야기를 들려줄 지도 모른다.

단, 이런 질문은 상대방의 이야기에 적극적으로 흥미를 갖고 있음을 나타내는 효과가 있는 반면에, 경우에 따라서는 '요점이 뭐야!' '결론을 말하라고?' '왜 그런 말을 하는 거지?'와 같이 상대방에게 따져 묻는 느낌을 줄 수도 있으므로 주의가 필요하다.

지금 당장
시작하자 **추상적이 아닌, 구체적인 질문을 하라**

35

첫 만남에서 피해야 하는 질문

사전 준비를 철저하게

새로운 사람을 만날 약속이 정해지고 앞서 그에 대해 조사할 시간적 여유가 있다면 철저하게 조사하기 바란다. 요즈음은 블로그를 비롯해 SNS나 트위터와 같은 소셜미디어가 발달하여 어딘가에 자신에 대한 정보를 올려놓는 사람이 많이 있다. 만약 이름을 공개한 사람이라면 검색하여 그에 대한 정보를 알아두었다가 만났을 때 '트위터 잘 봤습니다.' 라고 한마디 해보는 것도 좋을 것이다.

상대방의 이름을 모르는 경우에는 회사나 조직 홈페이지를 방문하여 정보를 얻도록 하자. 업계나 사업 아이템 등 상대방과 관련이 있는 비즈니스에 대해서 어느 정도 예비 지식을 가지고 있어야 한

다. 업무상 만나는 약속인 경우, 상대방은 '진심으로 우리 회사에 관심이 있다면 당연히 회사에 대해 미리 조사 정도는 하고 오겠지' 라고 기대할 것이다. 그런데 아무런 사전지식도 없이 무작정 만난다면 어찌 되겠는가. 상대방은 '이 녀석은 기본자세가 안 되어 있는 놈이군.' 이라고 생각할 것이다. 결국 그 만남은 제로도 아닌 마이너스 상태에서 시작하게 되는 셈이다.

스스로 적극적으로 자신에 대한 정보를 공개하는 사람이라면 더욱더 이쪽에서 그 정보를 읽고 숙지한 상태에서 만나는 것이 바람직하다. 그러면 상대방은 의외의 부분까지 알고 있는 점에 감탄하며 기뻐할 것이다.

본디 사람은 누군가 자신에게 적극적으로 관심을 보이면 기분이 좋아지게 마련이며, 무엇보다 자신에 대해 알려고 노력한다는 사실에 기뻐하게 되어 있다. 한 번의 만남을 위해 시간을 할애하여 준비한 모습은 상대방에게 당신의 업무수행 능력에 대해 믿음을 심어줄 것이다.

지금 당장 시작하자 **조사할 수 있는 것은 모두 조사하라**

36

대화를 중단시키는 잘못된 반응

● ● ● **대화를 방해하는 5가지 반응**

2장에서 설명한 대로 상대방의 이야기에 맞장구를 치거나 고개를 끄덕이는 등 반응을 보이는 것은 매우 중요하기 때문에 대화할 때 언제나 유의해야 한다. 그렇지만 상대방이 아무리 좋은 질문을 했어도 잘못된 반응을 보이면 대화는 엉망이 되고 만다. 그래서 이번에는 대화 중에 피해야 하는 반응을 소개하려 한다.

① 무반응, 벽을 만드는 반응

바람직하지 않은 반응으로는 다음과 같은 것이 있다. 상대방의 눈을 보지 않는다, 얼굴이나 몸을 상대방이 아닌 엉뚱한 쪽으로 향한

채 이야기를 듣는다, 표정에 변화가 없다, 팔짱을 끼고 이야기를 듣는다, 의자에 앉아 거만하게 몸을 뒤로 젖힌 채 듣는다, 이야기를 듣는 동안 한마디도 하지 않는다. 이런 반응은 말하는 사람에게 불안과 불쾌감을, 나아가서는 불신까지도 안겨준다. 이런 반응은 주는 거 없이 싫은 사람, 심리적으로 저항감이 느껴지는 사람에게 보이는 반응이지만, 의외로 무의식중에 취하게 되는 경우가 많다. 평소에 의식하지 못했던 사람은 좋은 기회이니 한번 관심을 기울여보기 바란다.

② 어떤 이야기에도 한결같은 반응

예를 들어 재미있는 이야기에도, 슬픈 이야기에도, 심각한 이야기에도, 우스운 이야기에도 반응이 한결같이 '저런!' 뿐이라면 말하는 입장에서는 말할 의욕이 사라진다. 이런 반응은 상대방에게 '내 이야기 제대로 듣고 있는 거 맞아?'라는 터무니없는 오해를 불러일으킬 수 있다. 이야기 분위기에 맞는 적절한 반응과 거기에 어울리는 표정을 지으면 더욱 좋을 것이다.

③ 말하는 이를 아래로 보는 반응

"그렇군요."

"정말 잘 아시네요."

"좋은 질문입니다."

언뜻 보기에는 정중한 반응처럼 보이지만, 이런 식의 맞장구에서는 공통적으로 '나는 당신의 생각이나 지금 말하는 것 정도는 이미 다 알고 있다' 라는 뉘앙스가 느껴진다. 나 역시 그런 경험을 한 적이 있다. 한창 이야기하는데 상대방이 이런 반응을 보이면 힘이 빠진다. 이런 반응이 허용되는 경우는 듣는 사람이 말하는 사람보다 연장자이거나 위치가 높을 때뿐이다.

④ 상대방을 무시하는 듯한 반응

"어머! 모르세요?"

"저런, 처음이시군요."

"○○라니······(쓴웃음)."

당연히 인간이다 보니 자신도 모르게 상대방의 입장이나 경험과 비교해서 우월감을 갖게 되는 경우도 있다. 그러나 우월감을 느끼는 것과 표현하는 것은 전혀 다른 문제이다. 앞으로 계속 상대방과 호의적인 관계를 유지하기를 원한다면 상대방을 거북하게 만드는 말과 행동은 피해야 한다.

⑤ 충고하는 어조나, 말을 중간에 가로막는 반응

"그건 잘못되었는데요!"

"이상하군요. 저 같으면 이렇게 했을 텐데."

"그래요 그래, ○○라면 요전에……"

다른 사람의 이야기를 듣다 보면 자연스럽게 자기 나름대로 여러 가지 생각이 떠오르게 된다. 자신의 가치관에 비추어 '그건 이상하다'거나 '이렇게 하는 편이 낫다'라고 충고하고 싶어진다.

그렇지만 대화를 나눌 때는 '지금 이야기하는 사람'이 주인공이다. 그 사람의 역할을 가로채서는 안 된다. 말하는 사람이 '어떻게 생각해?'라고 물었을 때 자신의 의견을 말하는 것이 바람직하다. 다른 사람이 자신의 말에 대해 이의를 제기하거나 말을 중간에 가로막는 것을 좋아하는 사람은 아무도 없다. 부디 풍부한 감수성을 발휘하여 심사숙고한 뒤에 자신의 의견을 말하기 바란다.

지금 당장 시작하자 **'질문＋반응'을 한 쌍으로 생각하라**

37

상대의 관심을 유발하는 질문

질문에 대한 중요 포인트 3가지

커뮤니케이션의 최종 목적은 단순히 정보를 알려주거나 사교활동을
위한 것이 아니라, 자신이 원하는 대로 상대방을 행동하게 하는 것
이라고 할 수 있다. 이쪽의 일방적인 요구로 행동하는 것이 아니라
상대방이 주체적으로 행동하게 하는 방법을 모색해보자.

① '상대방을 동참시키는 한마디'를 알아둔다

"A씨는 어떻게 생각하세요?"

"B군의 의견은 어떤가?"

이와 같이 물으면 상대방은 '자신의 문제'로 인식하여 대답할 수

밖에 없으며 주체적으로 행동할 가능성이 높다.

② '질문'으로 중요성을 인식시킨다

이쪽에서 제안하고 싶은 상품이나 서비스가 있는 경우, '그로 인해 해결되는 문제' '그로 인해 얻을 수 있는 이익'에 대해서 질문을 해보자.

"매일 나오는 인쇄물 양이 그 정도라면, 1장당 복사 단가가 2엔 싸질 때 1년에 어느 정도의 비용절감 효과를 예상할 수 있을까요?"

이렇게 말함으로써 이 상태를 그대로 유지하는 것이 얼마나 손해인지 그리고 자신의 행동이 얼마나 중요한지 스스로 깨닫게 하는 것이다.

③ 상대방의 관심을 끌 만한 정보를 제공한다

상대방에게 영업이나 클레임 등 이쪽의 요구를 전달하고 싶을 때는 정보를 조금씩 제공하도록 한다. 그래서 상대방의 궁금증을 한껏 자극하여 묻지 않고는 못 견디게 만드는 것이다.

나쁜 예

당　신 "고이율의 금융상품을 소개드리고 싶습니다만······."

고　객 "관심 없으니 됐습니다."

좋은 예

당　신 "매달 3천 엔씩만 적립하면 2년 뒤에는 최소 8만 엔을 받을 수 있는 방법이 있습니다."

고　객 "어머, 그런 방법이 있어요? 알려주세요."

상대방의 호응을 이끌어낼 만한 정보나 중요성을 조금씩 나눠서 제공하면 상대방은 그것에 대해 더 알고 싶은 호기심에 이쪽의 이야기에 마지막까지 귀를 기울이게 된다.

 상대방의 관심을 유발할 수 있는 요소가 무엇인지 고민하고 질문하라

대화가 중단되지 않도록 관심을 유발하는 기술

38

첫 만남에서 다음 약속을 잡는 방법

성공률 90퍼센트의 비결

첫 만남에서 어떻게 대화를 하느냐에 따라 다음 만남의 기회가 생길 수도 있고 아닐 수도 있다. 상대방과 지속적인 관계를 맺기를 원한다면 이 기회를 놓쳐서는 안 된다.

대화가 끝날 때쯤 '근처에 추천할 만한 식당' 이나 '주말에 권할 만한 스포츠'에 대해 이야기를 한다든지, 서로 업무를 처리하는 과정에서 조금 미흡한 부분이 있을 때 "조사해보겠습니다!"라고 약속하는 것, 혹은 업무적으로나 개인적으로 '현재 이런 걸 새롭게 시도하고 있습니다.' 라고 말하는 것 등이 다음 만남을 위한 계기가 될 수 있다.

"그러고 보니 예전에 이야기한 점심식사 건은……."

"요전에 알아보기로 약속한 사항은 말이죠……."

"지난번에 말씀드린 대로 새롭게 시도한 일의 결과가 나왔습니다!"

이렇게 첫 만남에서 약속한 것을 구실 삼아 상대방을 다시 방문하거나, 점심식사나 술자리를 함께할 수 있는 기회를 얻을 수 있다. 이와 같이 자연스럽게 다음 만남이 이뤄질 수 있는 '연결고리'를 의식하면서 대화를 나누는 습관을 갖도록 하자.

자, 다음에 만날 기회가 주어졌다고 가정해보자. 여러 가지 선택안 가운데 상대방에게 가장 부담을 주지 않으면서 약속을 정할 수 있는 방법은 무엇일까? 개인적으로 '아침식사'와 '점심식사'를 추천한다.

아침 혹은 점심식사 시간은 직장에 다니는 사람이라면 ①끝나는 시간이 정해져 있고, ②시간을 낭비하지 않고 효율적으로 사용할 수 있으며, ③공적으로나 사적으로 선약이 있을 가능성이 높은 저녁에 비해 시간 내기가 수월하기 때문에 서로 크게 부담이 없는 시간이다. 따라서 상대방에게 이런저런 사정이 생기기 쉬운 저녁보다 수락받기가 훨씬 쉽다.

"지난번 질문하신 건에 대해서는 제 나름대로 알아보았습니다. 그 결과 여러 가지로 흥미로운 내용을 발견하게 되어 꼭 만나 뵙고 직접 말씀드리고 싶습니다만……."

"열심히 노력하고는 있는데, 여러모로 잘 맞지 않는 후배가 있어서 고민입니다. 어떻게 하는 게 좋을지 조언 부탁드립니다."

이와 같이 이유는 무엇이든 상관없다. 앞서 만났을 때 해결하지 못한 문제가 있으면 그것을 핑계 삼아도 좋고, 개인적인 고민을 상담해도 좋다. 내 경우는 회사에 다닐 때 점심시간에 후배들이 상담을 해오면 그들에게 의지가 되는 존재로 인정받는 것 같아서 무척 기분이 좋았다. 지금은 점심식사를 혼자 하는 경우가 많다. 그러다 보니 여러 사람과 함께 식사하면서 고민거리를 털어놓기도 하고 여러 가지 정보를 교환하고 싶어질 때가 있다.

 부담 없이 아침식사나 점심식사에 초대하라

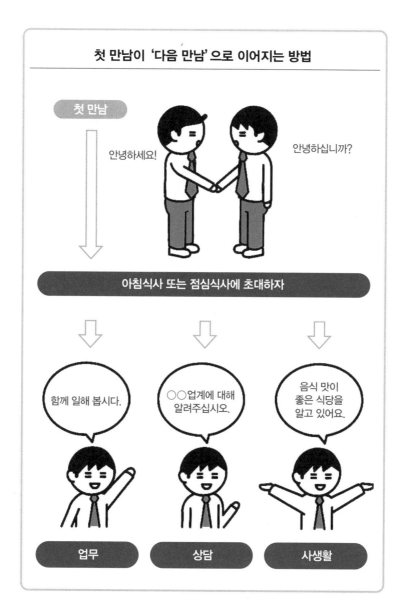

CHAPTER 04

대화에 활기를 불어넣는
질문의 기술

---

❶ 눈으로 봐서 알 수 있는 것을 질문거리로 삼는다.

❷ 상대방이 물어봐 주기를 바라는 것을 질문한다.

❸ 추상적인 질문이 아닌, 구체적인 질문을 한다.

❹ '질문+반응'을 한 쌍으로 생각한다.

❺ 관심을 유발할 수 있는 요소가 무엇인지 고민하고 질문한다.

CHAPTER 05

대화가 중단될 때
활용하는
8가지 테크닉

일!!　이!!　삼!!
사!!　오!!

39

1분 분량으로
'자기소개' 하는 연습을 한다

∙ ∙ ∙ 이것만 미리 준비하면 첫 만남이 달라진다!

많은 사람들이 남에게 자신을 소개하는 것을 무척 쑥스럽고 어색해
한다. 자신도 모르게 장황하게 말이 길어지기도 하고, 한창 말하다
보면 무엇을 말하려고 했는지 잊어버리기도 한다. 당신이 실속이
없거나 무능력해서 그런 것이 절대 아니다. 단순히 '익숙함' 의 문제
이다.

　최고의 영업사원을 비롯해 유능한 비즈니스맨은 언제든지 30초
에서 1분 정도로 간략하게 자기소개가 가능하도록 미리 준비를 해
둔다. 그리고 상황에 맞춰서 적절하게 내용을 수정하여 상대방에게
자신에 대한 정보를 제공한다. 짧은 시간에 핵심을 정리하여 PR한

다 해서 '엘리베이터 토크(Elevator talk)'라고도 한다.

엘리베이터 토크는 미국의 초보 사업가가 엘리베이터에 타서 내리기까지 짧은 시간 동안 투자자에게 사업 설명을 인상적으로 하여 투자를 받았다는 일화에서 생긴 말이다.

① 기본사항(이름, 회사명, 학교명, 업종·직종, 현재 업무·아르바이트 등)
② 당신의 'USP'(Unique Selling Proposition = 당신의 독자적인 판매기획이나 강점)
③ 당신의 생각(목표, 꿈)에 대해서
④ USP에 따라서 상대방에게 제공할 수 있는 이점
⑤ 따라서 이런 정보나 거래를 원한다

이와 같은 내용을 간결하게 말할 수 있도록 준비해두는 것이 유익하다. 'USP'에 대해서는 바로 떠오르지 않을 수도 있지만, 자신의 '강점' '특징' 혹은 '성격'을 비롯해 독자적으로 어필할 수 있는 부분을 되짚어보자. 다음 워크시트를 이용해 작성해보기 바란다.

• 나는, _____분야에서 사람들에게 필요한 존재가 되고 싶다 / 존재이다.

• 사람들이 나를 _____

라고 말했으면 좋겠다 / 말한다.

• _____하면 저절로 내가 떠오를 정도로 인

정받고 싶다 / 인정받고 있다.

문장 예 "저는 ○○○라고 합니다. □□주식회사에서 △△업무

를 담당하고 있습니다. 이 일은 ●●을 계기로 관심을 갖게 되어 현

재 ◎◎를 목표로 하루하루 열심히 노력하고 있습니다. 특히 ▲▲

분야에서 좋은 성과를 거두었으며, ◆◆을 성사시킨 경험이 있습니

다. 그래서 ▲▲에 대해서는 누구보다 자신이 있습니다. 앞으로 ▲

▲에 관해 궁금한 사항이 있으시면 ○○○를 기억해주시기 바랍니

다."

이런 요소를 포함해 1분 정도에 마칠 수 있는 간결한 자기소개문

을 미리 준비해 두면, 교류모임이나 사업상 사람을 처음 만났을 때

자신에 대한 핵심적인 정보를 간단히 제공할 수 있다.

 1분 분량으로 자신을 소개하는 연습을 한다

개성 있는 엘리베이터 토크를 연습한다

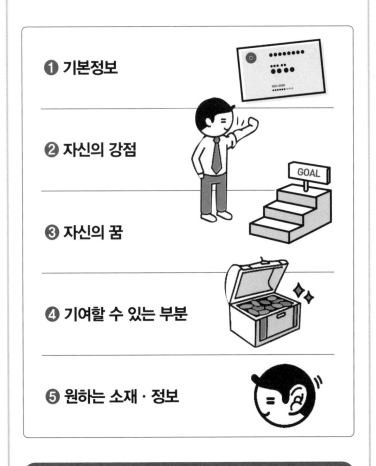

① 기본정보

② 자신의 강점

③ 자신의 꿈

④ 기여할 수 있는 부분

⑤ 원하는 소재 · 정보

엘리베이터 토크 = 1분 동안 자신에 대해 프레젠테이션하기

40

서로의 거리가 가까워지는 한마디

가벼운 대화로 분위기를 풀어준다

영업사원이 사업상 거래를 위해 상대방을 방문할 경우, 미리 약속을
했다 해도 처음 만난 자리에서 바로 회사나 상품에 관한 이야기를
꺼내면 상대방은 경계심을 품고 마음의 문을 닫게 된다. 왜냐하면
설령 상대방 측에 이익을 가져다주는 거래라 해도 상대방 입장에서
는 다른 회사의 서비스나 상품을 구매하는 것이기 때문에 신중해질
수밖에 없다.

이럴 때는 먼저 상대방의 경계심을 허물어서 마음의 문을 열게 해
야 한다. 그러기 위해서는 소위 '아이스 브레이크(ice break)'라고 해
서, 처음의 어색하고 경직된 분위기를 풀어주고 대화를 자연스럽게

이어가게 만들어줄 가벼운 대화 소재가 필요하다. 그렇다면 아이스 브레이크 소재로 어떤 것이 적당할까? 대화를 편안하게 이어갈 수 있는 이야깃거리를 순서대로 정리해보면 다음과 같다.

① **자신의 이름이나 얼굴**
② **약점, 최근에 있었던 실수담, 콤플렉스**
③ **특기나 어필 포인트, 매력 포인트**

①의 경우는 '닮은 유명인' '얼굴의 인상적인 부분' '특징 있는 이름' '유서 깊은 집안' '보기 드문 성씨' 등 이야기 소재로 삼을 만한 요소를 갖고 있는 사람이라는 전제가 붙기는 하지만, 쉽게 말을 꺼낼 수 있는 소재이다. 개인적으로 다음과 같은 말을 들었을 때 무척 인상에 남았다.

"안경을 쓰면 사람들이 개그맨 유재석과 헷갈려 해요."(라고 말하면서 실제로 안경을 쓴다)
"제가 형제 중 장남인데, 이름은 차남입니다."

②는 자신의 약점이나 걱정 되는 부분을 아예 먼저 털어놓음으로

써 상대방을 안심시켜 마음을 열게 하는 방법이다.

"겉모습은 이래도 23살입니다. 신입사원 연수에서 처음 만난 동기가 저를
매니저로 오해한 적도 있어요."(젊은데 얼굴이 나이 들어 보이는 사람)

"요즈음은 만나는 사람마다 제 이마를 보는 통에 가발을 쓰거나 약을 발라
볼까 고민 중입니다."(젊은데 머리숱이 적은 사람)

이와 같이 약점이나 실패담 등 자신을 낮춰 말하는 것은 관계를
형성하는 데 큰 도움이 된다. 사람의 심리가 상대방의 성공담이나
자랑하는 이야기는 별로 듣고 싶어 하지 않는 반면, 상대방의 실패
담이나 실수한 이야기에는 귀를 기울이게 되어 있다. 나는 오래 전
부터 성룡의 쿵푸영화를 좋아해서 즐겨 봤다. 그의 영화를 보면 마지
막에 자막이 올라갈 때 배경으로 NG 장면이 나온다. 그는 영화 본편
에서는 멋있는 영웅이지만, NG 장면을 보면 마치 이웃에 사는 친근
한 형처럼 느껴진다. 이처럼 '약점'을 공개하면 상대방은 한결 친근
하게 느끼기 때문에 그다음부터는 대화가 자연스럽게 진행된다.

③은 다소 난이도가 높은 방법이다. 자신이 말하고 싶은 것 혹은
어필하고 싶은 것이 상대방에게 반감이나 시기를 살 수도 있기 때문

이다. 자신에 대한 자랑이 되지 않게 주의하면서 어필할 수 있는 방법을 고민해보기 바란다. 나는 다음과 같은 말을 자주 한다.

"오랫동안 커리어 컨설턴트 분야에서 경험을 쌓은 커리어 개발 전문가입니다."

"이름이 멋지다는 얘기를 많이 듣습니다. 그래서 이름에 뒤지지 않도록 열심히 노력하고 있습니다."

이런 식으로 다른 사람과 차별화되는 자신의 특기나 장점을 말해보기 바란다.

 분위기를 편안하게 해줄 자신만의 이야깃거리를 준비하라

41

결론부터 말해야
대화가 중단되지 않는다

비즈니스는 물론 사생활에서도 활용할 수 있는 테크닉

업무상 보고할 때도, 일상생활에서 대화를 나눌 때도 결론부터 먼저
말하고 나서 그 뒤에 사정을 설명하는 것이 효과적으로 커뮤니케이
션을 진행하는 방법이다.

나쁜 예로써 며칠 전에 모기업 담당자와 전화 통화했을 때를 잠깐
이야기해 보겠다. 그는 나와 전화가 연결되자마자 처음 5분 동안 일
방적으로 자기 말만 했다. 그 바람에 솔직히 본론을 듣기까지 기다
리느라 지루해서 혼났다.

"당사는 ○○분야에서 두각을 나타내는 광고대리점으로서, 현재 ○○라는

프로젝트를 직접 맡아 하고 있으며, △△한 성과를 거두었습니다. 그중에는 □□기업이 참여하여……."

이런 식으로 계속 일방적으로 말을 늘어놓았다. 결국 끝에 가서야 그가 전화를 건 용건을 들을 수 있었다.

"그래서 사장님께서 A사 광고담당자를 저희에게 소개해주시면 감사하겠습니다."

순간 맥이 탁 풀렸다. 내가 힘이 빠졌던 이유는 직접적으로 내 업무와 관련이 없기 때문이 아니라 '용건을 빨리 말해 주었다면 좋았을 텐데' 하는 아쉬움 때문이었다.

이런 대화법은 시간과 신뢰를 낭비하는 꼴이다.

이때 말의 순서를 바꿔서 "저희에게 A사 광고담당자를 소개해 주십사 부탁드리려고 전화 드렸습니다."라고 먼저 말했더라면 애초에 소개가 가능한지 여부를 비롯해, 가능한 경우 어떻게 하는 것이 좋을지 고민하면서 그의 설명을 들을 수 있기 때문에 효율적이다. 그리고 논리적으로 말하는 그에게 개인적으로 호감을 갖게 되었을 것이다.

먼저 '상대방에게 알리고 싶은 것'을 말한다

업무상 대화뿐만 아니라 일상생활에서 잡담을 나눌 때도 마찬가지
이다. 다음 두 대화를 비교해보기 바란다.

× "요전에 꼬치튀김을 먹으러 갔는데요. 꼬치튀김이 뭔지 아시죠. 보통 그
   런 가게에 가면 한 번 베어 먹은 걸 소스그릇에 다시 집어넣으면 안 된다
   고 '소스 두 번 찍는 것 금지'라고 쓰여 있잖아요. 어쨌든 아내와 함께
   가서, 요리사에게 모든 것을 맡기는 '오마카세'를 주문했어요. 왜, 제가
   '이제 그만'이라고 할 때까지 계속 음식이 나오는 서비스 있죠. 아내는
   '튀김을 그렇게 많이 먹을 수 있을까'라고 말하더군요. 그런데 막상 먹
   기 시작하니까 계속 먹는 거예요. 혼자서 42개나 먹었다니까요!"
   "저런, 그랬구나."

○ "아유, 두 손 들었어요! 아내가 어찌나 많이 먹던지! 요전에 같이 꼬치튀
   김을 먹으러 갔는데, 먹고 또 먹고 계속 먹더니 42개나 먹은 거 있죠. 42
   개나요!"
   "와아! 정말 대단하군! 가게가 어디야? 뭘 먹었는데?"

이제 모두 이해했으리라 생각한다. 잡담을 나누더라도 이처럼 요

점을 생각하며 결론부터 말하면 한결 쉽게 상대방의 흥미를 끌 수 있고 대화 분위기도 활기를 띠게 된다.

　업무상 보고를 하거나 개인적으로 이야기할 때 '결론부터 말하기' '요점을 처음에 언급하기' 이 두 가지를 유념하여 이야기하면 효과적으로 대화를 나눌 수 있다. 지금 상대방이 가장 알고 싶어 하는 것은 무엇일까? 이 점을 생각하면서 이야기를 나누기 바란다.

 말할 때는 결론부터 이야기하라

42

상대방에게
가치 있는 정보를 제공한다

이해가 빠른 사람은 분위기를 읽는다

대화하면서 상대방에게 가치 있는 정보를 알려주려면 상대방의 표정을 읽고 상대방의 반응을 살펴보는 등 '분위기를 읽는' 능력이 필요하다. 이른바 일정 수준의 '감수성'이 필요한 것이다. 감수성을 습득하기 위해서는 훈련을 해야 하지만, 한번 습득하면 '말을 정확하게 하는 사람' '이해가 빠른 사람'이라는 평가를 받을 수 있다. 친밀한 사이에서라면 다음과 같은 화제를 떠올릴 수 있다.

× "어제 낚시하러 남해에 갔는데, 낚시하기에 최고의 장소더군. 도미를 엄청 잡았어."

"흐~음(낚시 같은 거 흥미 없는데……)"

"도미를 잡을 때 새우를 낚싯밥으로 사용하거든. 깊은 바다에서 타이를 낚아 올리는 순간은……."

"……(내가 알게 뭐야)"

○ "어제 낚시하러 남해에 갔는데, 낚시하기에 최고의 장소더군. 도미를 엄청 잡았어."

"흐~음(낚시 같은 거 흥미 없는데……)"

"아, 미안, 미안. A는 잡는 것보다 먹는 쪽을 좋아하지. 그러고 보니 근처에 생선요리를 잘하는 음식점이 있는데, 메뉴 중에 좀처럼 잡기 어렵다는 '환상의 전갱이 정식'이 있었어!"

"그래~(더 자세히 듣고 싶어)"

평소에 상대방의 반응을 민감하게 살피는 훈련을 해두면, 영업활동을 할 때 다음과 같이 활용할 수 있다.

× "당사 서비스를 이용하시면 매월 일정 금액으로 이와 같은 정보를 모두 제공받으실 수 있습니다."

"그렇군요. 저희 쪽에 필요한 정보이기는 한데, 비용이 좀 부담스럽네요."

"그렇습니까? 타사의 비슷한 서비스와 비교해보시면 아시겠지만 건수가 많은 것에 비해 저렴한 편인데요."

"음"

○ "당사 서비스를 이용하시면 매월 일정 금액으로 이와 같은 정보를 모두 제공받으실 수 있습니다."

"그렇군요. 저희 쪽에 필요한 정보이기는 한데, 비용이 좀 부담스럽네요."

"알겠습니다. 가격이 비싸다는 말씀이시죠. 분명히 한 달에 15만 엔에 상응하는 금액이 지출되기는 합니다. 그런데 지난번에 찾아뵈었을 때 현재 정보 추출 작업을 직원 한 분이 전담하여 진행하고 있다고 들었습니다. 급여 부분을 놓고 생각해봤을 때 당사 서비스를 이용하시면 직원 한 사람의 인건비가 절약될 뿐만 아니라 그 금액을 공략하는 쪽에 투자할 수 있으므로 장기적으로 봤을 때 이익이라고 생각합니다."

"확실히 그렇기는 하군요."

이해하기 쉽도록 극단적인 예를 들기는 했으나, 영업현장에서 '당사의 상품은' '당사의 서비스는' 이라고 하면서 자신의 회사를

'주어'로 말하는 것을 자주 듣는다. 그렇게 하면 상대방에게 흥미를 불러일으키기 어렵다.

후자와 같이 '상대방 입장에서는 어떨까?' 라는 '기브(give)' 관점에서 생각지 못하면, 다른 회사와의 경쟁에서 살아남지 못한다는 사실을 기억하기 바란다.

 상대방에게 가치 있는 정보가 무엇인지 생각하라

43

실제로 보고 듣고 느낀 것을 전달한다

추상적인 표현은 사용하지 않는다

많은 사람들이 사원채용 면접에서 '말이 추상적이어서 이해하기 어렵다'는 이유로 불합격 처리된다. 참으로 안타까운 일이다.

가끔 이해하기 어렵게 말하는 사람들을 보면 다른 사람이 알아서 이해해주기를 바라는 경향이 강하다. 개인적인 경험이나 주관적인 생각을 말할 때는 자신이 이런 생각을 하는 인간이란 것을 알아 달라는 식으로 말한다.

그러나 듣는 사람은 상대방이 하는 말 하나하나를 헤아릴 만큼 한가하지 않다. 그렇다면 어떻게 해야 상대방이 이해하기 쉽게 말할 수 있을까? 될 수 있는 한 구체적으로 말을 해야 한다.

× "A씨는 어떤 사람이야?"

"멋진 사람이야."

○ "A씨는 어떤 사람이야?"

"대단히 근사한 사람이야. 키는 180센티미터 정도에 표정이 온화해. 언제나 고급스러운 양복을 입고 걸음걸이도 무척 씩씩해."

× "이번에 새로 들어온 B군 어때?"

"무책임한 사람이에요."

○ "이번에 새로 들어온 B군 어때?"

"조금 무책임한 구석이 있어요. 오후 6시까지 끝내야 하는 일을 곧바로 하겠다고 가져가 놓고는 8시가 넘도록 아무런 보고가 없는 거예요. 그래서 기다리다 못해 이쪽에서 확인을 하니까 그제야 일을 시작하더라고요. 이런 일이 최근 두 달 동안 3번이나 됩니다."

실제로 보고 들은 1차 정보를 예로 든다

말하는 사람이 실제로 '행동한 것' '말한 것' '본 것' '들은 것' '느낀 것' 같은 1차 정보를 구체적인 예로 들면 듣는 사람은 더욱 명확하게 이미지를 그릴 수 있다.

× "직접 보면 실망하는 세계 3대 관광명소가 어딘지 아세요? 싱가포르의 상징인 멀라이언, 코펜하겐의 인어공주 동상, 그리고 브뤼셀의 상징인 오줌싸개 동상이라고 하네요."

○ "직접 보면 실망하는 세계 3대 관광명소가 어딘지 아세요? 저도 실제로 가서 봤지만 정말 실망스러웠어요!(웃음) 세상에 모두 너무 작은 거 있죠! 싱가포르의 상징인 멀라이언은 이 방에 갖다 놓으면 어울릴 정도로 작고요, 브뤼셀의 상징인 오줌싸개 동상은 이 맥주병만 하더라고요."

앞서서 인터넷으로 세계의 정보를 얻을 수 있는 시대, 더욱 설득력 있고 콘텐츠로서 매력적인 것은 자신이 직접 오감으로 체험한 1차 정보이다. 후자와 같이 구체적이고 사실적인 정보가 있으면, 듣는 사람은 그 정경을 떠올리게 되고 자연스럽게 흥미가 생길 것이므로 그 뒤의 대화도 원만하고 활발하게 진행될 것이다.

 정보는 될 수 있는 한 구체적으로 전달하라

갑자기 찾아온 침묵에
효과적인 묘약 3가지

● 대화가 도중에 끊겨도 초조해할 필요 없다

처음 만난 자리에서 대화를 나눌 때 공통 주제를 찾기도 버거운데 갑자기 침묵의 순간이 찾아오면 당연히 불안해진다. 그럴 경우 어떻게 대처하면 좋을까? 여기에는 다음과 같은 세 가지 해결 방법이 있다.

① 침묵을 두려하지 말라

사람들이 침묵을 불편해하는 이유는 도대체 무엇 때문일까? 대화 도중에 갑자기 말이 끊기면 순간 '지금 저 사람 기분이 어떻지?' '내 이야기가 재미없는 걸까?' '나를 싫어하나?' 등 여러 가지 불안한 생각이 머릿속에 맴돌게 된다. 그러나 곰곰이 생각해보면 상대방 역시 어색하고 불편하기는 마찬가지일 것이다. 그렇다면 서로 걱정하는 것은 소용없는 짓이므로 우선 필요 없는 걱정은 하지 말자. '침묵 따위 별거 아니다'라는 마음으로 여유를 가지고 느긋한 태도를 취하는 것이 중요하다.

② 침묵은 생각을 정리하는 시간이라고 생각하라

대화가 끊어지고 침묵이 흐르는 경우 상대방의 머릿속에는 여러 가지 생각이 복잡하게 떠오를 것이다. 전문적인 카운슬링 이론에서 침묵이란 '상대방이 당신의 말을 음미하고 되새기는 상태' '상대방이 자신의 생각을 정리하고 있는 상태'이며, 바야흐로 '상대방의 마음이 열리고 이야기가 깊어지려는 순간'이다.

그러므로 무리하게 침묵을 깨려는 행동은 상대방의 생각을 방해할 수도 있다. 앞으로는 대화 도중에 침묵이 흐르면 상대방이 자신의 생각을 정리하고 있는 중이라 생각하고, 그 순간 상대방의 기분이 어떤지 주의를 기울이기 바란다.

침묵의 시간을 참지 못하고 조바심을 내며 아무 의미도 없는 질문을 하는 행동은 삼가도록 하자. 우선은 상대방에게 쓸데없는 부담을 주지 않도록 배려하는 것이 바람직하다.

③ 상대방의 감정에 '공감' 하고 '공유' 하라

나아가 대화의 폭을 점차 넓혀가기를 원한다면 침묵이 흐르기 전까지 상대방과 나누었던 대화를 돌이켜보고, 상대방의 감정이 어떠한지 파악하여 그 감정에 '공감' 하기 바란다. 상대방이 지금 느끼고 있는 감정을 자신도 똑같이 느끼고 그것을 말로 표현하는 것이다.

"정말이지 그 이야기를 들으니 기분이 답답해지는군요."
"상대 쪽보다 A씨가 더 고생한 거 아닌가요?"

서로 공유하는 부분이 생기면서 관계가 친밀해지고 대화의 폭도 넓어지게 된다.

 대화 중의 침묵은 쉬는 시간이라고 생각하라

대화 도중 침묵이 흐를 때 3가지 대처법

❶ 침묵을 두려워하지 않는다

❷ '침묵 = 생각을 정리하는 시간' 이라고 생각한다

❸ 상대방의 감정에 공감한다

45

첫 만남에서 활용할 수 있는
9가지 잡담거리

대화를 이어가는 데 활용할 수 있는 키워드

지금까지 살펴본 대로 한다면 처음 만난 자리에서도 대부분 원만하게 대화를 나눌 수 있을 것이다. 그러나 이야기가 한차례 끝난 뒤에 새로운 말을 꺼내야 하는데 마땅한 대화거리가 떠오르지 않아 침묵이 흐르는 순간이 있다. 이럴 때 다음과 같은 소재를 가지고 대화를 이어가기 바란다. 이미 알고 있는 사람도 많겠지만, 대화 소재의 키워드는 '기오뉴여지가건업의식주' 이다.

기 …… 기후 날씨, 추위, 더위, 해가 짧다 · 길다

오 …… 오락 취미, 휴일을 보내는 방법

뉴 ······ 뉴스	최근 화제가 된 기사, 세상 돌아가는 이야기, 주변에서 벌어진 일
여 ······ 여행	여행 계획, 좋아하는 지역
지 ······ 지인	공통으로 아는 사람, 그 사람을 알고 있는 사람
가 ······ 가정	부모, 형제, 배우자, 자녀
건 ······ 건강	운동, 건강법, 스트레스 해소법
업 ······ 업무	성공담, 실패담, 기뻤던 일
의식주 ······	패션, 주거, 음식

유능한 사람은 잡담을 해도 아무 의미 없이 하지 않는다.

- 모든 사람이 알 만한 주제를 선택하여
- 상대방에게 생각할 계기를 마련해줄 만한, 혹은 흥미를 돋을 만한 화법으로
- 듣는 사람이 다른 사람에게 자신의 이야기인 것처럼 말할 수 있도록 말한다. 가령 다음과 같이 말이다.

"설날하면 역시 해돋이죠. 그런데 일본에서 가장 빨리 해돋이를 볼 수 있는 곳이 어딘지 아세요? 동쪽이 빠르니까 홋카이도 근처가 아닐까 했는데, 뜻밖에도 도쿄라는군요."

더욱 유능한 사람은 잡담을 그냥 단순한 잡담으로 끝내지 않는다. '빠르다고 해서 말씀인데요……'와 같이 잡담을 본론인 업무와 연관을 지어 이야기의 흐름이 다른 곳으로 벗어나지 않게 한다. 뒤에서 '기오뉴여지가건업의식주'의 구체적인 활용 방법을 소개하고 있으니 응용해보기 바란다.

'5분 스피치'를 미리 준비한다

'무슨 말인지는 알겠는데 나는 할 자신이 없다'라고 생각하는 사람을 위한 팁이 있다. '업무'나 '신념' 또는 '취미' 중에서 '이것에 관해서는 1시간이고 2시간이고 말할 수 있다!'라고 자신하는 주제를 한 가지 선택해서, 5분 정도 분량으로 중요한 부분을 정리하여 준비해두기 바란다. 잡담이나 대화의 훌륭한 소재가 될 수 있다.

참고로 나는 업무인 경우는 '경력교육'이나 '구직활동'에 대해서, 취미관련인 경우는 '전국의 맛집' '불꽃놀이'에 대해서는 몇 시간이고 거뜬히 이야기할 자신이 있다. 전국 이곳저곳 출장을 많이 다니는 사람과 이야기할 때는 각 지방의 맛집 정보를 얻을 수 있는 좋은 기회이므로 열심히 정보를 수집한다. 덕분에 동료들 사이에서는 '지방에 갈 일이 있으면 먼저 닛타에게 물어 봐'라는 말이 출장 떠나기 전 하나의 의식처럼 되었다.

분야는 각자 다르겠지만, 적어도 취미나 관심을 갖고 있는 분야라면 누구나 그것에 대해 5분 정도는 충분히 설명하거나 의견을 말할 수 있을 것이다. 그 정도만 준비해두면 대화 중에 관련된 주제가 나왔을 때 자연스럽게 이야기할 수 있기 때문에 대화의 윤활유 역할을 톡톡히 한다. 이것이 성공하면 그 주제가 언급될 때마다 자연스럽게 당신을 떠올릴 만큼 상대방에게 깊은 인상을 남길 수 있다.

 **잡담 소재가 막막할 때는 '기오뉴여지가건업의식주'를 떠올려라**

잡담 소재 01 기후

"요즈음 부쩍 추워졌어요."

"저녁에 비가 내릴 것 같아요. 우산 가져오셨어요?"

POINT ➡

'그날 날씨' '추워졌다 · 더워졌다' '해가 짧아졌다 · 해가 길어졌다' 와 같이 상대방도 같이 느낄 수 있는 것을 대화 소재로 삼는다. 그러면 두 사람 사이에 공감과 친근감이 형성된다. 비나 눈은 그것만으로도 훌륭한 잡담의 소재가 된다.

오락

"보통 쉬는 날에는 어떻게 보내세요?"

"저는 취미로 미니축구라고 부르는 풋살을 하는데, 혹시 취미가 있으신가
요?"

POINT ➡

'취미' '휴일을 보내는 방법' '요즈음 좋아하는 것' 등을 화제로 삼
는다. '나는 ~~하는데, 당신은?' 과 같이 자신에 대해 먼저 말을 하
면 분위기가 편해지고 상대방도 한결 말하기 쉬워진다. 단, 자신에
대해 말할 때도 대화의 주인공은 상대방이라는 사실을 잊지 말도록
하자.

잡담소재 03 뉴스

"어제 뉴스에 나온 속보 들으셨어요?"

"오늘 아침 신문에 이런 기사가 실렸더군요."

POINT →

'최근 화제가 된 기사' '세상 돌아가는 이야기' '주변에서 벌어진 일' 등을 화제로 삼을 수 있다. 하지만 단순한 세상살이에 대한 잡담으로 끝나서는 의미가 없다. 가볍게 잡담을 나누는 목적은 서로의 관계를 심화하는 것이므로, 상대방 회사의 신제품이나 업계 동향 등 상대방이 편하게 말할 수 있는 주제를 대화 소재로 선택해야 한다.

잡담소재 04 여행

"벌써 봄이군요. 어디 좋은 곳으로 여행 계획 없으세요?"

"저는 매년 홋카이도에 가요. 홋카이도와 오키나와 중에서 어느 쪽을 좋아
하세요?"

POINT ➡

'여행 계획' '좋아하는 지역 · 도시' 등을 화제로 삼는다. '오락'과
마찬가지로 자신에 대한 것을 말하지 말고 상대방이 말하고 싶어 하
는 이야기 주제를 끌어낸다는 느낌으로 대화를 이끌어가도록 한다.
최근에 다녀온 자신의 여행담(재미있는 에피소드나 고생했던 이야기)
을 먼저 말함으로써 대화의 실마리를 풀어가는 것도 좋은 방법이다.

잡담소재 05 지인

"예전에 귀사의 A씨와 함께 일한 적이 있습니다. A씨는 잘 계신가요?"

"요즈음 텔레비전에 자주 나오는 B씨 정말 재미있어요."

POINT ➡

'공통으로 아는 사람·친구'를 화제로 삼는다. 뜻밖의 부분에서 연결고리를 발견하면 대화는 활기를 띠게 되고 한결 쉽게 친근감이 형성되기도 한다. 그러나 'A씨와 서로 아는 사람이다'라는 사실이 당신에 대한 선입견으로 작용하여, 긍정적 혹은 부정적 영향을 미칠 우려가 있다. 그러므로 어떤 사람의 이름을 언급할 때는 주의가 필요하다.

가족

"집사람이 감기에 걸려서 요즈음 대신 아이를 돌보고 있는데, 모든 일이 익숙하지 않아서 아주 고생하고 있어요."

"이번 설날에 고향에 다녀왔는데, 다행히 부모님이 모두 건강하시더라고."

POINT ➡

'부모' '형제' '배우자' '자녀' 등을 화제로 삼을 수 있다.

먼저 자신의 정보를 제공하고 서로 공감할 수 있는 부분을 찾도록 하자. 단, 사적인 이야기인 만큼 처음 만난 자리에서는 진지하거나 심각한 주제는 피하는 것이 바람직하다.

잡담소재 07 건강

"최근에 건강을 위해서 되도록 많이 걸으려고 노력 중입니다. 하고 계신 운동이 있으신가요?"

"다시 날씨가 추워진 탓인지 약간 감기기운이 있는 것 같아요. 당신은 괜찮으세요?"

POINT →

'평소에 하는 운동 · 스포츠' '건강법' '스트레스 해소법' 등을 화제로 삼는다.

건강에 대한 소재는 사람들이 각자 '자신만의 방식'을 가지고 있는 경우가 많기 때문에 '가르쳐주십사' 부탁하는 형태로 대화를 진행하는 것이 효과적이다. 상대방에게 운동이나 건강법을 추천받거나 좋은 점을 배우다 보면 대화가 더욱 활기를 띠게 된다.

"요즈음 회사 사정은 어때요?"

"사실은 얼마 전에 업무상 큰 실수를 했지 뭡니까."

POINT ➡

'성공담 · 실패담' '기뻤던 일 · 괴로웠던 일' 등을 화제로 삼는다.
자칫하면 자신에 대한 이야기만 지루하게 늘어놓게 되는 경우가 많
다. 거듭 반복하여 말하지만 '상대방과 관계 형성'이 최우선이다. 공
통점을 빨리 찾아내어 친근감을 조성하고 더불어 편안한 대화 분위
기를 만들도록 하자.

의식주

의(衣) "품위 있고 멋진 가방이군요."
"그 양복 근사한데요."

식(食) "음식 맛이 아주 훌륭한 식당이 있어요."
"주로 어떤 술을 즐기시나요?"

주(住) "회사는 어디쯤에 있나요?"
"저는 서울에 살아요. 댁이 어디세요?"

POINT ➡

말 그대로 '패션' '주거' '음식'에 대해서 이야기한다.

자신의 의식주 생활에 대해 말하라는 의미가 아니다. 상대방의 물건
이나 패션 감각에 대해 말하면서 서로의 기호에 대한 공통점을 신속하
게 찾아내도록 하자. 공통분모가 많을수록 관계 형성에 도움이 된다.

46

한마디만 더 덧붙여서 말하라

플러스알파가 되는 말 한마디를 잊지 말자

뜬금없지만 문제 하나를 내겠다.

Q …… 다음에 나오는 전형적인 인사에 간단한 한마디를 덧붙여서 상대방
에게 더욱 강하고 좋은 인상을 심어줄 수 있는 표현을 만들어 보시
오.

영업 상담이나 면접(학생인 경우는 졸업한 선배 방문) 등으로 사
무실 방문 약속을 정하는 상황을 가정해보자.

① (메일/전화로 방문 날짜를 정할 때)

"그럼, 7일 오후 2시에 뵙는 것으로 알겠습니다. 잘 부탁드립니다."

② (상대방을 만난 자리에서 첫 마디)

"처음 뵙겠습니다!"

③ (첫 방문이 끝날 무렵 돌아갈 시간에)

"오늘 이렇게 만나 뵐 수 있는 기회를 주셔서 진심으로 감사드립니다."

앞에 나온 인사 모두 예의를 갖춘 것이므로 그대로 말해도 전혀 실례가 되지 않는다. 이 문제의 포인트는 '배려의 말 한마디를 덧붙인다면' 어떤 말이 좋은가 하는 것이다. 당연히 정해진 정답이 있는 것이 아니므로 여러 가지 대답을 생각해볼 수 있다. 가령 다음과 같은 표현을 예로 들 수 있다.

① "그날 뵙기를 고대하고 있겠습니다!"

② "오늘 이렇게 시간을 내주셔서 감사합니다. 오늘이 오기를 고대하고 있었습니다!"

③ "시장 상황에 대해 자세한 설명을 들은 덕분에 많은 것을 배웠습니다! 말씀을 들을 수 있어 정말 다행입니다!"

평소에 배려가 몸에 배어 있는 사람은 '당연한 거 아냐?' 라고 생각할지도 모르겠다. 여기에서 예로 든 문장은 그야말로 '습관적으로 사용하는' 말들이다.

이 문장들의 공통점은 상대방에게 적극적인 관심을 가지고 그에 대한 마음을 솔직하게 전달한다는 점이다. 전문적인 말로 상대방의 존재 가치를 인정한다고 표현할 수 있겠다. 나는 대화할 때 갖춰야 할 요소의 첫 글자를 따서 '3K'(=감사, 감동, 관심)라고 부른다.

뇌과학적으로도 증명된 뛰어난 효과

'고대한다' 라든가 '많은 것을 배웠다' 같은 말이 대단한 것은 만에 하나 진심이 아니더라도 입으로 소리 내어 말하면 정말 그렇게 이루어지는 효과가 있다는 점이다. 뇌기능학에서 '절약적 안정화 원리' 로 설명되는 기능으로, 뇌는 '될 수 있는 한 적은 정보를 가지고 알기 쉽고 편하게 안심할 수 있는 결론을 내리려는 특성' 을 가지고 있다고 한다.

뇌는 의외로 단순해서 오감을 통해 받아들인 잡다한 정보를 모두 처리하지 못하기 때문에 우선 가까이 있는 정보를 바탕으로 하여 '확실해 보이는 결론' 을 내려 한다는 것이다. 그래서 '기대된다!' '좋은 공부가 되었다!' '감사하다!' 라고 입으로 소리 내어 말하면

뇌가 스스로 알아서 '실제로 그렇다'라고 판단을 내리게 된다. 계속 반복하여 말을 하는 동안에 그 감정은 장기기억으로 고착되어 뇌 안에서 '사실'로 받아들여지고, 그러면서 자연스럽게 그 만남을 정말 고대하게 된다. 상대방 역시 그 말을 듣고 '그런가 보다'라고 제멋대로 납득하기 시작하기 때문에 결과적으로 다음에 만날 때는 진심으로 서로 만남을 고대하게 된다.

 언제나 '감사, 감동, 관심'을 표현해라

요 약

CHAPTER 05

대화가 중단될 때
활용하는 8가지 테크닉

❶ 1분 분량으로 자기소개 하는 연습을 해라

❷ 가볍게 나눌 수 있는 대화 소재를 미리 준비하라

❸ 대화 중의 침묵은 휴식 시간이라고 생각하라

❹ 잡담의 포인트는 '기오뉴여지가건업의식주'

❺ 감사, 감동, 관심을 표현하는 습관을 길러라

CHAPTER
06

일, 연애,
인간관계가
바뀐다

일!!　　　이!!　　　삼!!

사!!　　　오!!　　　육!!

47

'콘텐츠' 와 '콘텍스트' 를 이해한다

커뮤니케이션은 감정 교류이다

친구나 가족 등 사생활에서 이루어지는 커뮤니케이션과 업무상 커뮤니케이션의 가장 큰 차이는 무엇일까?

말할 때 조심한다 / 조심하지 않는다

경어를 사용한다 / 사용하지 않는다

자신의 발언에 대한 책임이 무겁다 / 가볍다

여러 가지 차이점이 있겠지만 한마디로 정리하면, 사생활에서 이루어지는 커뮤니케이션보다 업무상 커뮤니케이션에서 주의할 요소

가 많다는 것이다.

여기서 잠깐 단어에 대해 설명하도록 하겠다. 커뮤니케이션에서 입으로 소리 내는 말, 눈에 보이는 문장, 그리고 발언자의 표정 등 겉으로 표현하는 부분을 '콘텐츠(contents)'라고 한다. 한마디로 말해서 '내용'을 의미하며 일반적으로 문장이나 음악, 영상 등을 가리킬 때 주로 사용한다.

콘텍스트에 주의를 기울인다

말하는 사람이나 듣는 사람의 감정, 의식, 사물에 대한 사고방식, 가치관 등 겉으로 봐서는 알 수 없는 부분을 '콘텍스트(context)'라고 하며, '문맥'이라는 의미를 가지고 있다.

사생활에서 이루어지는 커뮤니케이션과 업무상 커뮤니케이션의 차이는 '콘텐츠'와 '콘텍스트'를 어디까지 신경 써야 하는가의 차이라고 할 수 있다.

예를 들면 친구나 가족과 같이 허물없는 사람이라면 취미가 같다거나 자라온 배경이나 환경이 같아서 많은 공통점이 있을 것이다. 그러므로 생각이나 말의 의미를 일일이 설명하거나, 신경 쓸 필요 없이 편하게 대화를 나눌 수 있다. 콘텍스트를 공유하고 있기 때문이다.

그러나 업무상 커뮤니케이션인 경우에는 대화 상대방이 나이를 비롯해 사회적 지위나 취미, 기호가 자신과 전혀 다른 사람들이다. 당연히 공통된 언어나 공통된 가치관을 기대하기 어렵기 때문에 대화를 나눌 때 일일이 '이 말의 의미를 이해할까?' 라는 걱정을 하게 된다. 이처럼 여러 가지로 신경을 쓰면서 대화를 나누어야 한다. 콘텍스트를 공유하지 못하고 있기 때문이다.

처음 만나 대화를 나누는 경우 상대방이 동년배로 보여도 실제로 어떤 사람인지는 바로 알 수 없다. 우선은 콘텐츠와 콘텍스트 모두에 주의를 기울이는 것이 매우 중요하다.

 눈에 보이지 않는 콘텍스트에 신경을 써라

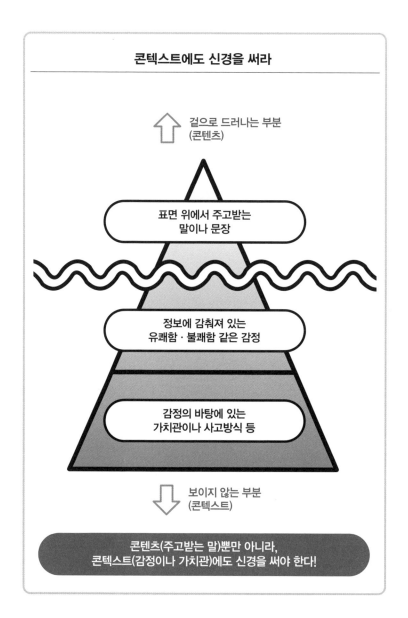

콘텍스트에도 신경을 써라

겉으로 드러나는 부분
(콘텐츠)

표면 위에서 주고받는
말이나 문장

정보에 감춰져 있는
유쾌함 · 불쾌함 같은 감정

감정의 바탕에 있는
가치관이나 사고방식 등

보이지 않는 부분
(콘텍스트)

콘텐츠(주고받는 말)뿐만 아니라,
콘텍스트(감정이나 가치관)에도 신경을 써야 한다!

48

어떤 상황에서도
부정어는 사용하지 않는다

'그렇지만'이나 '그런데' 같은 표현은 피한다

자신과 사고방식이 다른 사람과 만났을 때 어떻게 반응하는가?

이런 경우에는 자신이 목표로 삼고 있는 것이 무엇인지 이해하고
있어야 한다. 처음 만난 사람과 대화를 나누려는 원래 목적은 무엇
인가? 그것은 커뮤니케이션을 통해서 상대방과 관계를 형성하고 그
관계를 계속 유지하는 것이다. 이런 상황에서 어떻게 말하는 것이
효과적인지 알아보자.

"그 의견에 반대합니다."

"그 생각은 이상합니다."

"그것은 잘못됐습니다."

처음 만난 상대방과 대화를 나누면서 이런 식으로 말하는 사람은 없으리라 생각한다. 하지만 꼭 이와 같이 말하는 것만 부정하는 것이 아니다. 어쩌면 당신도 깨닫지 못하는 사이에 상대방의 의견을 부정하고 있을 수도 있다.

처음 만난 자리에서 논쟁을 벌여서는 안 된다

앞에 나온 예처럼 누가 봐도 알 수 있도록 상대방의 의견을 부정한다면 그 관계는 바로 서먹해질 것이다. 첫 만남에서 생각이나 의견 차이로 논쟁을 벌이는 것은 바람직하지 않다. 그것이 정론이라 할지라도 사교를 위한 모임에서 상대방을 설득하려는 것은 자리에 어울리지 않는 행동이다. 또한 그 후 상대방과의 관계가 더 발전되기는 힘들 것이기 때문에 그런 자리에서 자신의 의견을 관철시키려고 애쓸 필요가 없다. 다른 사람이 면전에서 자신의 의견에 반대하는데 기분 좋을 사람은 아무도 없다. 어떻게 해서라도 반대 의견을 피력하고 싶은 경우에는 다음과 같이 말하는 것이 좋다.

"아닌 게 아니라 생각이 참 흥미롭군요. 그렇게 되면 실현하는 데 곤란한 점이 여러 가지 있을 것 같습니다."

이 예문을 보고 눈치 챈 사람이 있는지 모르겠으나, 반론을 펴는 문장임에도 '그렇지만' '하지만' '그런데' '……이지만' '……이긴 해도'와 같은 역접의 접속사와 어미를 사용하지 않았다.

역접의 접속사와 어미는 본인도 깨닫지 못하는 사이에 사용하기 쉬운 부정 표현의 대표적인 예이다. 어쨌든 본 문장만으로도 충분히 부정의 의미가 전해지건만, 역접의 접속사와 어미까지 들어가면 말 전체가 더욱 부정적인 인상을 주기 때문에 상상 이상으로 부정적인 에너지가 넘치게 된다.

× "커뮤니케이션에 대한 거라면 먼저 이 책을 추천해드리고 싶군요."
"그런데 제가 좀처럼 서점에 갈 기회가 없네요. 외근 중에 들러보도록 하겠습니다."

○ "커뮤니케이션에 대한 거라면 이 책을 추천해드리고 싶군요."
"정말로 감사합니다. 좀처럼 서점에 가기 힘들지만, 외근 중에 들러보도록 하겠습니다."

어떠한가? 전자의 경우는 모처럼 상대방이 추천을 해주었는데

그것을 부정하는 듯한 느낌이 들지 않는가. 전자와 후자 모두 기본적인 내용은 같다. 굳이 부정하는 표현을 사용해서 상대방의 마음을 상하게 할 필요는 없다. 그런데 말할 때 습관적으로 역접의 접속사와 어미를 사용하는 사람이 있다. 전혀 도움이 되지 않으니 찜찜한 데가 있는 사람은 바로 고치기 바란다.

지금 당장 시작하자 — 부정적 표현, 역접 표현은 사용하지 말라

49

말의 미묘한 뉘앙스에 주의한다

악의는 없지만 부정하는 경우가 있다

의도하지 않은 부정과 가벼운 반론의 뉘앙스가 담긴 말은 주의가 필요한 부정 표현이다. 예를 들면 다음과 같다.

의도하지 않은 부정

× "모처럼 만났는데 커피라도 한잔 같이할까요?"

　"저는 커피는 마시지 않습니다."

○ "모처럼 만났는데 커피라도 한잔 같이할까요?"

　"좋습니다. 저는 홍차를 좋아하는데, 괜찮을까요?"

전자와 후자 모두 '커피를 마시지 않는다' 라는 의미는 같으나, 풍기는 느낌의 차이는 뚜렷하다. 전자는 분명하게 자신의 의사를 표현하고 있기는 하지만, 관계 형성을 위한 상대방의 노력을 무시하는 모양새가 됐으므로 부정적인 표현이라고 할 수 있다.

가벼운 반론의 뉘앙스가 담긴 말

× "카네기가 쓴 《사람을 움직인다》 읽어 봤나?"

　"당연하죠, 지금도 읽고 있습니다."

○ "카네기가 쓴 《사람을 움직인다》 읽어 봤나?"

　"네. 사회생활 1년차 되는 해부터 지금까지 즐겨 읽고 있습니다."

× "이 상품의 핵심은 무언가?"

　"앞에서 말씀드렸듯이 저희 회사만의 기술이 채택되어……"

○ "이 상품의 핵심은 무언가?"

　"그건 말이죠, 역시 저희 회사만의 기술이……"

자신의 의견을 분명하게 밝히는 것일 뿐 상대방의 말을 부정할 의도는 없었다 해도, 커뮤니케이션은 어디까지나 상대방이 중심이기 때문에 상대방이 '부정당했다' 라고 느꼈다면 그것으로 끝이다. '당연하다' 나 '앞에서 말씀드렸듯이' 란 표현은 상대방을 가볍게 부정하면서 자신의 우위를 드러내려는 뉘앙스가 포함되어 있기 때문에 주의해야 한다.

대화를 나눌 때 '상대방이 이 한마디를 어떻게 느낄지'에 대해 미리 생각하고, 부정적인 표현을 사용하지 않도록 노력한다면 언제나 즐겁고 유익한 대화를 나눌 수 있을 것이다.

지금 당장
시작하자 **의도하지 않은 부정에 주의하라**

사용해서는 안 되는 부정 표현

❶ 의도하지 않은 부정

상대방은 호의를 무시당한 것으로 생각한다

❷ 가벼운 반론의 뉘앙스가 담긴 말

상대방은 공격당한 것으로 생각한다

50

기분 상하지 않게 반론을 펴는 방법

어떤 상황에서도 활용할 수 있는 매직 프레이즈

사람은 반대 의견을 들으면 마치 자신이 공격당하는 것 같아서 아무래도 마음이 불편해지기 마련이다. 그런 경우 도움이 되는 것이 매직 프레이즈(Magic Phrase)이다. 매직 프레이즈는 대화를 원활하게 이끌기 위해 문장 중간에 넣는 말이다. 상대방의 의견에 반론을 펴야 할 때 말의 공격성을 조금이라도 완화하여 상대방이 본질적인 내용을 받아들이기 쉽도록 만들어 준다. 매직 프레이즈의 예로 다음과 같은 표현이 있다.

"저 역시 전문가가 아니어서 잘못 알고 있는지도 모르지만……"

"조금 다른 입장에서 바라본 의견인데 말씀드려도 될까요?"

"주제 넘는 의견이라 생각하시고 들어주시면 감사하겠습니다."

상대방이 마음의 준비를 할 수 있게 한다

이런 식으로 말을 꺼내면 보통은 다음에 나올 말이 반론이란 것을 예측할 수 있다. 앞에서 설명한 대로 역접의 표현은 '지금부터 반론하겠다' 라는 뉘앙스를 강하게 풍기기 때문에 듣는 사람은 반사적으로 경계 태세를 취하게 되고 결국은 이야기를 귀 담아 듣지 않을 가능성이 높다. 이리 되면 두 사람의 관계는 다음 단계로 발전하지 못한다. 그러므로 반론을 말할 때는 위에 나온 예와 같이 겸손하고 부드럽게 표현한다. 또한 상대방이 반론을 받아들일 마음의 준비를 하게 해서 반감이 누그러지도록 해야 한다.

간혹 이렇게 말하는 것이 아부하는 것처럼 느껴져서 꺼려진다는 사람도 있을 것이다. 그렇지만 그 자리에서 중요한 것은 자신의 감정이 아니라 상대방과 관계를 형성하고 유지하는 것이다. 한때의 감정에 흔들리지 않고 장기적인 관점에서 생각할 줄 아는 사람이 대인이다. 부디 대인이 되어 실천해보기 바란다.

감정에 흔들리지 말고 겸손해져라

51

같은 말이라도
긍정적으로 표현한다

좋은 말을 하면, 좋은 일이 생긴다

개인적으로 영혼이나 초현실적 현상에는 그다지 관심이 없으나, 유일하게 굳게 믿는 것이 '언령(言靈)' 이다. 언령이란 말에 깃들어 있다고 믿는 영적인 힘을 말한다. 예로부터 '소리 내어 말하면 그것이 현실에 영향을 미친다' 라고 해서 좋은 말을 하면 좋은 일이 생기고, 불길한 말을 하면 불행한 일이 생긴다고 믿는 관습이 있었다.

이것은 뇌기능학적으로 봤을 때도 타당성이 있는 것 같다. 뇌기능학에서는 뇌는 자신의 생각에 영향을 받기 쉬워서 부정적으로 생각하면 부정적인 암시에 걸리고, 평소에 긍정적인 생각을 계속하면 사고도 긍정적으로 변한다고 한다.

'~할 수 없다'라는 말은 하지 않는다

나는 말을 할 때 항상 어떤 표현을 사용할지 고민하며, 강한 부정이 담긴 표현을 사용하지 않으려고 노력한다. 예를 들어 다음과 같다.

- 불가능합니다. ➡ 할 수 있는 방법을 찾아보겠습니다. ㅇㅇ라면 가능합니다.

- 바쁘다 ➡ 나를 필요로 한다, 나에게 기대를 걸고 있다.

- 피곤하다 ➡ 열심히 일했다. 할 수 있는 일은 모두 다한 느낌.

- 위기 ➡ 성장할 수 있는 기회

- ㅇㅇ하지 않으면, △△할 수 없다. ➡ ㅇㅇ하면, △△할 수 있다.

- 조금밖에 없다. ➡ 조금은 있다.

- 빼앗기다 ➡ 양보하다

- 나쁘지 않다 ➡ 좋다

지금은 꾸준히 연습한 덕분에 특별히 노력하지 않아도 자연스럽게 말을 바꿀 수 있게 되었다. 여기에서 중요한 핵심은 '아니다'라고 말하지 않는 것, 그리고 수동표현보다 능동표현을 사용하는 것이다. 그러는 편이 다른 사람들에게 주체적이고 긍정적인 사람이라는 인상을 심어줄 수 있기 때문이다.

부정적으로 말하는 사람은 부정적인 사람이 된다

자주 부정적인 표현을 사용하는 사람에게는 아무래도 부정적인 인상이 따라붙게 된다. 주위에 보면 대화 주제가 부정적인 내용이 아님에도 말로 대화 분위기를 거북하게 만드는 사람이 있다. 그런 사람들의 공통점은 미묘하게 말투에 부정적인 뉘앙스가 담겨 있다는 것이다.

× "먼저 △△을 마치지 못하면, 먹어서는 안 돼."

○ "△△가 끝나면 먹어도 돼."

× "이 서류, 내일 아침까지 작성해주겠나?"

"지금 일이 쌓여서 안 되는데요."

○ "이 서류, 내일 아침까지 작성해주겠나?"

"알겠습니다! 그런데 내일 몇 시까지 해드리면 될까요? 참고로 오늘 안으로 마쳐야 할 서류가 2건 남아 있어서 그것을 마친 다음에 시작할 수 있는데, 그렇게 해도 괜찮으시겠습니까?"

×의 예는 평소에 주변에서 흔히 찾아볼 수 있는 상황일 것이다. ×의 예나 ○의 예나 모두 말하고자 하는 내용은 같다. 그런데 어떤

방식으로 말하느냐에 따라서 상대방이 받는 인상은 180도 달라진다. 부디 일상 대화에서 사소한 부분까지 긍정적으로 표현할 수 있도록 몸에 익히기 바란다.

 언제 어디서나 긍정적인 표현을 사용하라

52

상대방과 단숨에 친밀해지는 방법

필요한 것은 아주 작은 배려

상대방이 들려준 사소한 이야기를 기억한다, 추천받은 것은 실제로 시험해본다 등등 이러한 방법은 비교적 당장 실행에 옮길 수 있는 방법으로 효과도 좋다.

나 역시 많이 경험했지만, 상대방이 대화 중에 "그러고 보니 ○○를 좋아하신다고 하셨죠."라며 지난번에 내가 살짝 이야기한 내용을 기억해주면 대단히 기쁘다. 당연히 그 사람에게 친근감을 갖게 된다. 상대방의 생일을 기억해두는 것도 효과적이다. 평소에는 소식이 뜸하다가도 1년에 한 번 이날 간단한 메일을 보내거나, 전화를 하는 것만으로도 서로 강한 유대감을 유지할 수 있다. 생일을 축하해

주는 데 기뻐하지 않을 사람은 없을 것이기 때문이다.

사소한 이야기를 기억하는 것 자체는 그렇게 어렵지 않다. 메모만 해두면 기록으로 남길 수 있고, 수첩의 해당 날짜에 '오늘은 A씨 생일'이라고 적어두면 된다. 작은 노력이지만 몇 백 배, 몇 천 배의 효과를 거둘 수 있다.

추천 받은 것은 실행해보고 그 결과를 보고한다

비교적 쉽게 실행할 수 있는데도 실천하는 사람이 별로 없는 것, 그래서 더 효과가 큰 방법이 있다. 바로 상대방에게 추천받은 것을 실제로 시험해보는 것이다. 상대방과 대화를 나누는 가운데 언급된 '맛집' '좋은 음악' '재미있는 영화' '필독서' 등을 실제로 먹으러 가거나, 듣거나, 보거나, 읽어본 다음, 자신이 느낀 소감을 상대방에게 성심껏 보고하는 것이다.

내 경우 주위 사람들에게 무언가 추천해 달라는 부탁을 많이 받는다. 당연히 나를 믿고 묻는 것만으로도 기쁜데, 나중에 만족스러웠다는 반응이 오면 기쁨이 한층 더 커진다.

상대방에게 "실제로 가봤는데 정말 좋았어요! 완전히 팬이 돼서 다음 날 또 갔을 정도예요!"라는 말을 듣는 날은 기분만 좋은 것이 아니라 그렇게 말해준 사람에게 호감을 갖게 된다. 그리고 '다음에도 좋은 게 있으면 이 사람에게 알려줘야겠다.' 라는 생각을 하게 된다. 상대방을 기쁘게 하는 동시에 정보도 자연스럽게 얻을 수 있으니 일석이조 혹은 삼조가 되는 셈이다.

나 역시 주변에 저자들이 많아서 따로 이야기하지 않아도 나 스스로 책을 구입하여 읽은 다음 서평을 적은 뒤 보고한다. 사소한 일이지만 실천하는 사람이 적은 만큼 큰 효과를 얻을 수 있으니, 꼭 실천해보기 바란다.

 다른 사람에게 무언가 추천을 받으면 바로 실행하라

상대방과 단숨에 친밀해지는 방법

⬇ 실제로 시험해보고 상대방에게 보고한다

추천받은 것들을 실제로 시험해본다

53

언제나 연락이 가능한
수단을 마련해둔다

조금이라도 연락하기 쉽도록 배려한다

상대방이 항상 연락 가능하도록 다양한 연락수단을 마련하고, 조금이라도 연락하기 쉽게 배려하는 것이 중요하다. 그러기 위해서 다음 사항에 주의를 기울여야 한다.

① 연락할 수 있는 방법을 한 가지 이상 마련해둔다

→ 내 경우는 연락을 취하기 쉬운 순서대로 다음과 같은 10가지 연결통로를 마련해두고 있다. 휴대전화, 휴대전화 메일(일본에서는 문자메시지를 휴대전화 번호가 아닌 휴대전화에 등록된 메일 주소로 보내야 함-역주), 회사 메일, 회사 홈페이지, 트위터, 블로

그, SNS, 사무실 전화, 자택 전화, 인터넷 메일 등

② 휴대전화 번호나 메일 주소 등은 될 수 있는 한 바꾸지 않는다. 대신에 변경된 경우에는 반드시 알린다. 휴대전화 메일 주소나 블로그, 트위터, SNS 계정은 검색하기 쉽게 본명으로 등록한다

→ 이것은 개인 사정이나 콘텐츠 성질상 누구나 실천할 수 있는 방법은 아니다. 하지만 이런 경로를 통해 나를 알게 된 분들이 연락을 주는 경우가 적지 않기 때문에 개인적으로 상대방을 배려하는 훌륭한 방법이라고 생각한다.

③ 부담 없이 가볍게 연락을 취할 수 있는 방법을 마련한다

→ 회사 메일 주소로 메일을 보낼 때는 아무리 서로 잘 아는 사이라도 문체나 형식에 신경을 쓰게 된다. 상대방 역시 '특별한 용건은 없지만 생각났을 때 한번 연락해 볼까' 하고 마음먹었다가도 이런저런 과정이 귀찮아서 연락을 포기할지도 모른다. 그러므로 휴대전화 메일 같이 상대방이 부담 없이 연락을 취할 수 있는 '연락 수단'을 알려주는 것이 좋다.

 다양한 연락 수단을 마련해라

54

공감하지 않는 것이
효과적일 때가 있다

● 협상에 활용할 수 있는 고급 테크닉

지금까지 커뮤니케이션에서 경청과 공감이 매우 중요하다는 사실을 거듭 이야기했으나, 상대방의 입장에서 생각하는 공감이 상황에 따라서는 오히려 역효과를 일으키는 경우도 있다. 그처럼 '주의해야 할 공감'에 대해서 살펴보도록 하겠다.

"말씀은 잘 알겠지만, 지금 결정하기가 좀 어렵네요. 예산 사정도 있고⋯⋯."

거래상담 중에 상대방이 이렇게 말했다고 가정해보자. 하루하루

숫자에 쫓기는 영업직이나 판매직에 종사하는 사람에게 가장 반갑지 않은 상황일 것이며, 동시에 여러분의 대응 능력을 시험당하는 순간이기도 하다.

"말씀대로 가격이 비쌀지도 모르겠습니다. 그러나 이런 장점을……"
"알겠습니다. 그러나 이것은 저희 지점에 마지막 남은 하나로……."

이와 같이 'Yes, but' 방식으로 대답하는 것보다 더 효과적인 방법이 있다.

웃는 얼굴로 고개를 끄덕이며 "모든 분들이 그렇게 말씀하십니다." 라고 하거나 놀란 표정으로 "네! 그거 정말 안타깝군요!" 라고 말한다.

두 말의 공통점은 '지금 사지 않겠다.' 라는 상대방의 판단에 공감하지 않는다는 점이다. 상대방은 '분명히 억지로 사게 할 것이다' 라고 예상하고 있는데, 예상과 다른 반응에 놀라게 되고 '어!? 뭔가 다른데……' 라며 흥미를 갖게 된다. 그래서 부정적으로 말하는 것보다 향후에 협의하기가 훨씬 쉬워진다.

 때로는 차라리 '공감하지 말라'

55

커뮤니케이션에서 가장 중요한 것

● 테크닉보다 마음가짐이 중요하다

구직 활동 할 때 면접 보는 장면을 떠올려보기 바란다. 면접 볼 때 이런 경험을 한 사람이 많을 것이다.

응모자 "저는 커뮤니케이션에 자신 있습니다!'

면접관 "……(정말? 장황하게 말을 늘어놓아서 도통 알아듣기 어려운데.)"

우리는 흔히 '커뮤니케이션 능력' 이란 말을 자주 사용한다. 과연 커뮤니케이션 능력이 있다는 것은 어떤 의미일까?

커뮤니케이션의 진정한 의미

먼저 '커뮤니케이션' 이라는 영어 단어의 원래 의미를 살펴보자. 영영사전에서 '커뮤니케이션' 을 찾아보면 '의사소통' 이나 '전달' 이라는 의미가 확실히 존재한다. 그 외에 흥미로운 설명이 같이 실려 있다. 'to make common to many share.' 단어 본래의 의미대로 해석하면 '많은 사람이 서로 이해하는 무언가를 만드는 행위' 로 번역된다. 단순한 '전달' 이라기보다 더 깊은 뜻이 담겨 있다.

'공유할 수 있는 무언가가 있는 것' 이 커뮤니케이션의 전제조건이라고 하면, 상대방과 공유할 게 없는 주제인 경우 커뮤니케이션은 성립되지 않는다.

"어제 축구 봤어? 설마 반칙으로 얻은 프리킥이 들어가리라고는 상상도 못했는데 말이야!"

"……(축구는 보지도 않았을 뿐더러 흥미도 없는데. 빨리 안 끝나나)"

"그래서 자네에게 팀 리더를 맡기려고 하네. 힘들겠지만 얻는 것도 많을 테니 틀림없이 경력에도 도움이 될게야. 잘 부탁하네."

"……네(휴우, 또 잔업이 늘겠구먼)".

상대방이 내 이야기를 듣고 있을 거라는 전제하에 우리는 이야기를 하고, 또 그렇게 해주기를 기대한다. 하지만 실제로는 위의 예에서 볼 수 있듯이 '엇갈림'이 매일 일어나고 있다. 어쩌면 '상대방은 내 이야기를 듣고 있지 않다'라는 전제하에 상대방이 제대로 이해하고 있는지 확인하면서 대화를 진행하는 편이 나을지도 모른다. 그래서 나는 내 이야기를 경청해주는 분들에게 언제나 감사하는 마음을 가지려고 노력한다.

 내 이야기를 들어주는 것을 당연하다고 생각하지 마라

CHAPTER 06

일, 연애, 인간관계가 바뀐다

---

① '콘텐츠'와 '콘텍스트'를 이해하라.

② 어떤 상황에서도 부정어는 사용하지 말라.

③ 좋은 말을 하면, 좋은 일이 생긴다.

④ 다른 사람에게 무언가 추천을 받으면 바로 실행하라.

⑤ 대화에는 '공유할 수 있는 무언가'가 필요하다.

첫 만남에서 사람을 간파하는
7가지 체크리스트

다음 페이지에 나오는 7가지 문항을 통해서
상대방의 커뮤니케이션 유형을 알 수 있다.
각 문항을 읽고 상대방의 첫인상에 가장 가까운 답을
A~D 중에서 선택하기 바란다.

CHECK POINT! ❶

내 말에 상대방이 반응하는 속도는?

Ⓐ 빠르다

Ⓑ 조금 빠르다

Ⓒ 조금 느리다

Ⓓ 느리다

CHECK POINT! ❷

상대방의 말하는 속도는?

ⒶⒷ 빠르다

ⒸⒹ 느리다

CHECK POINT! ❸

상대방의 말 길이는?

Ⓐ 결론부터 단도직입적으로 말하기 때문에 짧다

Ⓑ 말의 갈피를 잡지 못하고 중구난방이라 길다

Ⓒ 서론부터 시작해서 내용 전부를 말하기 때문에 길다

Ⓓ 순서대로 정리하면서 말하기 때문에 길다

CHECK POINT! ❹

상대방의 목소리 상태는?

Ⓐ 단언하는 듯한 어조

Ⓑ 억양이 있다

Ⓒ 상냥하고 따뜻한 인상

Ⓓ 단조롭고 냉정한 인상

CHECK POINT! ⑤

상대방의 표정은?

Ⓐ 의지해도 될 것처럼 보인다

Ⓑ 즐거워 보인다 · 명랑해 보인다

Ⓒ 친절해 보인다 · 안심해도 될 것처럼 보인다

Ⓓ 성실해 보인다 · 엄격해 보인다

CHECK POINT! ⑥

상대방의 자세는?

Ⓐ 팔짱을 끼거나 다리를 꼬고 앉아 있어서 가까이 다가가기 어렵다

Ⓑ 손짓, 몸짓을 많이 하고 허물없이 편안하다

Ⓒ 고개를 끄덕이거나 맞장구를 치며 상대방에게 맞추려고 한다

Ⓓ 자리에서 잘 움직이지 않으며 움직임이 딱딱하다

CHECK POINT! ⑦

대화에 임하는 상대방의 자세는?

Ⓐ 요점을 간략하게 말한다

Ⓑ 다른 사람에게 영향을 미칠 수 있게 말한다

Ⓒ 상대방의 기대나 바라는 형태에 부합하도록 말한다

Ⓓ 시간이 걸려도 정확하게 말한다

어떤가요?
7가지 체크포인트에 대해서

가장 많은 경우는
229페이지

가장 많은 경우는
229페이지

가장 많은 경우는
230페이지

가장 많은 경우는
230페이지

해당 페이지를 보시오.

A 대답이 가장 많은 사람은……
지배자형

지배자형인 사람은 주로 다음과 같은 특징을 가지고 있다.

- 실천가로 자신의 생각대로 일을 진행시키는 것을 좋아한다.
- 과정보다 결과나 성과를 중요하게 생각한다.
- 다른 사람의 관리 아래 있는 것을 싫어한다.

B 대답이 가장 많은 사람은……
주동자형

주동자형인 사람은 주로 다음과 같은 특징을 가지고 있다.

- 사람을 좋아하고 역동적인 일을 하는 것을 좋아한다.
- 자발적이고 활동적이며 호기심도 강하다.
- 자신이 주위에 영향을 미치는 것을 중요하게 생각한다.

TYPE

C 대답이 가장 많은 사람은……
후원자형

후원자형인 사람은 주로 다음과 같은 특징을 가지고 있다.

- 다른 사람을 도와주는 것을 좋아하고 협력관계를 중요하게 생각한다.
- 주위 사람의 감정에 민감하고, 배려를 잘한다.
- 구성원들 간의 관계나 합의 형성을 중요하게 생각한다.

TYPE

D 대답이 가장 많은 사람은……
분석가형

분석가형인 사람은 주로 다음과 같은 특징을 가지고 있다.

- 사물을 객관적으로 파악하는 데 능숙하고, 문제 분석의 전문가이다.
- 완벽주의자로 실패나 실수를 싫어한다.
- 정확성을 중요하게 생각하여 곰곰이 생각한 뒤에 행동하는 것을 좋아한다.

당신도 커뮤니케이션의 달인이 될 수 있다

나는 처음 사람을 만나는 자리에서 긴장한 나머지 말도 제대로 못했다. 하지만 좌절하지 않고 주위에 있는 '성공한 사람'들을 보고 배우면서 스스로를 개선해 나갔다. 새롭게 익힌 내용은 일상의 커뮤니케이션에서 시도해보고 그 효과를 확인했으며, 무리하지 않는 범위 안에서 꾸준히 노력하였다. 이 책에는 그 핵심 내용을 정리해 놓았다.

가장 중요한 것은 테크닉이 아닌 마인드

실제로 여러 가지 방법을 시험하는 가운데 진정으로 중요한 것은 테크닉이 아니라는 사실을 깨달았다. 가장 중요한 것은 평소에 작은 배려를 꾸준히 실천하는 것이다. 오랜 노력과 경험을 통해 '지금 얼굴을 마주하고 있는 사람을 소중히 대하는 것'이 커뮤니케이션의 달인이 되는 핵심 비법이라는 확신을 얻었다. 지금도 멈추지 않고 여전히 실천하고 있다.

첫발을 내디뎌 보자

이 책에는 '그 정도는 이해하고 있어.' '이미 알고 있는 거잖아.' 하는 생각이 드는 내용이 있을 수도 있다. 당신은 그것을 실제로 할 수 있는가? 이미 실천하고 있다고 자신 있게 말할 수 있는가?

'이해하다/알다'와 '할 수 있다/하고 있다' 사이에는 하늘과 땅만큼의 차이가 있다. 부디 지금 이 순간부터 이 책의 내용을 실천하여 그 효과를 실감해보기 바란다. 여러분에게 이 책이 새롭게 한걸음 내딛는 계기가 된다면 그 이상 기쁜 일은 없으리라.

이 책이 세상에 나오기까지 참으로 많은 분들의 도움을 받았다. 이 책이 지금 여기에 있는 것은 모두 그분들 덕분이다. 진심으로 감사드린다.

닛타 료